FILHOS
DA
PROMESSA

Caminhando pela fé sob o amoroso cuidado do Pai

FILHOS
DA
PROMESSA

Spurgeon

CHARLES .H.

C. H. Spurgeon
Título original
According to Promisse: The Lord's Method of Dealing with Chosen People
©2021 Editora Hagnos Ltda.

1ª edição: setembro de 2021

TRADUÇÃO
Paulo Sartor Jr.

REVISÃO
Marcos Túlio (copidesque)
Editorial Hagnos (provas)

CAPA
Rafael Brum

DIAGRAMAÇÃO
Aldair Dutra de Assis

EDITOR
Aldo Menezes

COORDENADOR DE PRODUÇÃO
Mauro Terrengui

IMPRESSÃO E ACABAMENTO
Imprensa da Fé

As opiniões, as interpretações e os conceitos emitidos nesta obra são de responsabilidade do autor e não refletem necessariamente o ponto de vista da Hagnos.

As notas de rodapé deste livro são do tradutor, inseridas para clarificar palavras, expressões e personagens, além de contextualizar o leitor sobre aspectos históricos e culturais.

Todos os direitos desta edição reservados à
EDITORA HAGNOS LTDA.
Av. Jacinto Júlio, 27
04815-160 — São Paulo, SP
Tel.: (11) 5668-5668

E-mail: hagnos@hagnos.com.br
Home page: www.hagnos.com.br

Editora associada à

Dados Internacionais de Catalogação na Publicação (CIP)
Angélica Ilacqua CRB-8/7057

Spurgeon, C. H. (Charles Haddon), 1834-1892.

Filhos da promessa: caminhando pela fé sob o amoroso cuidado do Pai / Charles Haddon Spurgeon; tradução de Paulo Sartor Jr. — São Paulo: Hagnos, 2021.

ISBN 978-85-7742-314-9

Título original: According to promise: The Lord's Method of Dealing with Chosen People

1. Sermões 2. Batistas - Sermões 3. Fé 4. Vida cristã I. Título II. Sartor Jr., Paulo

21-3578   CDD 251

Índices para catálogo sistemático:
1. Sermões

SUMÁRIO

1. Um exame necessário 7

2. As duas sementes... 11

3. As duas vidas.. 19

4. Esperanças diferentes... 27

5. Perseguição resultante da promessa 33

6. A separação.. 39

7. De quem são as promessas? 47

8. A promessa é um dom gratuito 53

9. A promessa de Deus é uma realidade 59

10. O tesouro peculiar dos que creem................................... 67

11. A avaliação das promessas 81

12. A promessa do Senhor: a norma que rege seu ato de doar 93

13. A regra sem exceção 101

14. Tome posse da promessa.. 113

15. Endosse a promessa... 119

16. A promessa aplicada a esta vida..................................... 123

17. Busque a promessa.. 131

18. O tempo da promessa 141

19. A posse das promessas por meio do Espírito Santo 149

20. Jesus e as promessas.. 155

1

UM EXAME NECESSÁRIO

Examina-me, Senhor, e prova-me; sonda-me o coração e os pensamentos.
Salmos 26:2

É MUITO importante distinguir entre coisas que diferem, pois as aparências enganam. Coisas parecidas podem ser o oposto uma da outra. Um escorpião branco pode ser parecido com um ovo, e uma pedra com um pedaço de pão (veja Lucas 11:11-12); mas eles estão longe de serem iguais. Em razão de serem muito diferentes, é bom que estejamos atentos, e isso se aplica principalmente a questões espirituais.

Seria muito difícil dizer até onde alguém poderia progredir na religião, e ainda assim morrer em seus pecados; o quanto pode parecer um herdeiro do céu, e ainda assim ser um filho da ira. Muitas pessoas não convertidas têm uma crença que é semelhante à fé, e ainda assim não é a fé verdadeira. Alguns indivíduos exibem piedosos afetos que têm o calor do amor espiritual, mas são desprovidos em demasia de vida cheia de graça. Toda graça pode ser falsificada, assim como as joias podem ser imitadas. Como as gemas superficiais são surpreendentemente parecidas com as verdadeiras pedras preciosas, assim as falsas graças são incrivelmente semelhantes à obra do Espírito de Deus. No que tange às questões da alma, importa que alguém tenha toda percepção acerca de si mesmo, ou logo essa pessoa enganará o seu próprio coração. É de se temer que muitos já estejam enganados e nunca descobrirão sua ilusão até levantarem seus olhos no mundo da desgraça, onde sua decepção será realmente terrível.

A criança que nasce naturalmente morta pode até ser cuidadosamente lavada por sua mãe, mas isso não fará dela uma criança viva pela graça. A vida de Deus dentro da alma cria uma diferença infinita entre o homem que possui a graça de Deus e o que não a possui; e a questão é ter certeza de que temos essa vida.

Você tem certeza de que a tem?

Será uma coisa horrível clamar "Paz, paz", quando não há paz (Jeremias 8:11), e profetizar coisas suaves para si mesmo, aliviar seu coração e acalmar sua consciência para adormecer, e nunca acordar do sono até que um estrondo do trovão do julgamento o assuste por presunção em horror sem fim.

Quero ajudar meu leitor a fazer um autoexame. Desejo que ele vá além do exame e alcance tal abundância de graça, que seu estado santo e feliz se torne uma testemunha para si mesmo.

A primeira parte deste livro é destinada a ser uma peneira para separar o joio do trigo. Que meu amigo o aplique a si mesmo;

talvez seja o melhor dia de trabalho ao qual ele se dedicou. Aquele que olhou para as suas finanças e descobriu que seu negócio poderia se tornar um empreendido perdido foi salvo da falência. Isso pode acontecer também com meu leitor. Se ele, entretanto, descobrir que seu empreendimento celestial está prosperando, isso será um grande conforto para ele. Ninguém sairá perdendo por examinar honestamente o seu próprio coração.

Amigo, faça isso imediatamente!

2

AS DUAS SEMENTES

*Pois está escrito que Abraão teve dois filhos, um da
mulher escrava e outro da livre. Mas o da escrava nasceu
segundo a carne; o da livre, mediante a promessa.*
Gálatas 4:22-23

ABRAÃO teve dois filhos. Ismael e Isaque — para além de todas as disputas — foram verdadeiros filhos de Abraão. No entanto, um deles herdou a bênção da aliança, e o outro era simplesmente um homem próspero do mundo. Veja como esses dois eram próximos um do outro! Eles nasceram na mesma sociedade, chamavam o mesmo grande patriarca de "pai" e permaneceram no mesmo acampamento com ele. No entanto, Ismael era um estranho ao pacto, enquanto Isaque era o herdeiro da promessa. Como existem poucas coisas associadas ao sangue e ao nascimento!

Um exemplo mais notável do que isso aconteceu um pouco depois; pois Esaú e Jacó nasceram da mesma mãe, no mesmo nascimento, no entanto está escrito: "Amei Jacó, porém me aborreci de Esaú" (Romanos 9:13). Um se tornou cheio da graça, e o outro profano. Juntos e tão de perto, e ainda assim tão amplamente separados! Na verdade, não é apenas que dois estarão numa cama, e um será levado, e o outro deixado (veja Lucas 17:34-37); mas, dois virão ao mundo no mesmo momento, e ainda assim um deles tomará sua herança com Deus, e o outro venderá seu direito de primogenitura por um prato de lentilhas. Podemos estar na mesma igreja, ser batizados na mesma água, estar sentados na mesma mesa de comunhão, cantar o mesmo salmo e oferecer a mesma oração, e ainda assim podemos ser de duas raças em oposição à semente da mulher e à semente da serpente.

Os dois filhos de Abraão são declarados por Paulo como sendo os tipos de duas raças de homens, que são muito parecidos e, no entanto, muito diferentes. Eles são diferentes em sua origem. Ambos foram filhos de Abraão; mas Ismael, o filho de Agar, foi descendente de Abraão em condições normais — ele nasceu "segundo a carne". Isaque, o filho de Sara, não nasceu pela força da natureza, pois seu pai tinha mais de cem anos de idade, e sua mãe já estava avançada em anos de vida. Ele foi dado a seus pais pelo Senhor, e nasceu de acordo com a promessa através da fé. Esta é uma enorme distinção, e marca o verdadeiro filho que é de Deus, que só o é por meio da promessa. A promessa está no fundo da distinção, e o poder que vai para cumprir a promessa cria e mantém a diferença. Portanto, a promessa, que é nossa herança, é também nosso teste e nossa pedra de toque.

Façamos o teste de uma vez, a fim de ver se fomos forjados pelo poder que cumpre a promessa. Deixe-me fazer algumas perguntas: Como você foi convertido? Foi por você mesmo, pela persuasão dos homens, pela emoção carnal ou foi pela operação do Espírito de Deus? Você professa ter nascido de novo. De onde veio esse novo nascimento? Veio de Deus em consequência de seu eterno propósito e sua perene promessa, ou foi você mesmo que o produziu? Foi sua antiga natureza tentando fazer o melhor e trabalhando por conta própria até sua melhor forma? Se sim, você é Ismael. Ou foi pelo fato de que você, estando espiritualmente morto, e não tendo força alguma para ressuscitar de seu estado perdido, foi visitado pelo Espírito de Deus, que deu sua energia divina, e fez com que a vida do céu entrasse em você? Então, você é Isaque. Tudo dependerá do início de sua vida espiritual e da fonte da qual essa vida a princípio procedia. Se você começou em carne e osso, então continuou em carne e osso e morrerá em carne e osso.

Você nunca leu "O que é nascido da carne é carne"? Em pouco tempo, a carne perecerá, e dela você colherá a corrupção. Somente "o que é nascido do Espírito é espírito" (João 3:6); a alegria está em saber que o espírito viverá, e dele você colherá a vida eterna. Quer você seja adepto de religião ou não, eu lhe suplico, pergunte-se: Será que eu senti o poder do Espírito de Deus?

A vida que está dentro de você é o resultado da fermentação de seus próprios desejos naturais? Ou é um elemento novo, infundido, transmitido, implantado do alto? Sua vida espiritual é uma criação celestial? Você foi criado de novo em Cristo Jesus? Você já nasceu de novo pelo poder divino?

A religião comum é a natureza dourada com uma fina camada do que se pensa ser a graça. Os pecadores se poliram e escovaram o pior da ferrugem e da sujeira, e pensam que sua velha natureza é tão boa quanto nova. Esse retoque e reparo do velho está tudo muito bem; mas fica aquém do que é necessário. Você pode lavar o rosto e as mãos de Ismael o quanto quiser, mas não pode transformá-lo em Isaque. Você pode melhorar a natureza, e quanto mais o fizer, melhor para certos propósitos temporários; mas não pode levantá-lo em graça. Há uma distinção muito grande entre o riacho que sobe no pântano da humanidade caída e o rio que procede do trono de Deus.

Não esqueça que o próprio Senhor Jesus disse: "Necessário vos é nascer de novo" (João 3:7). Se você não tiver nascido de novo do alto, toda a sua ida à igreja, ou a sua ida à capela, não significa nada. Suas orações e suas lágrimas, suas leituras bíblicas e tudo o que veio somente de si mesmo só podem levar a si mesmo. A água naturalmente subirá tão alto quanto sua fonte, mas não mais alto; aquilo que começa com a natureza humana subirá para a natureza humana; mas ela não pode alcançar a natureza divina. Seu novo nascimento foi natural ou sobrenatural? Foi da vontade do homem ou de Deus? Muita coisa dependerá de sua resposta a essas perguntas.

Entre o filho de Deus e o mero seguidor, há uma distinção importante quanto à origem. Isaque nasceu de acordo com a promessa. Ismael não nasceu da promessa, mas do curso da natureza. Onde a força da natureza é suficiente, não há promessa; mas quando a energia humana falha, entra a palavra do Senhor. Deus tinha dito que Abraão deveria ter um filho de Sara; Abraão acreditava nisso e se alegrava nele, e Isaque nasceu como resultado da promessa divina, pelo poder de Deus. Não teria havido Isaque se não tivesse havido promessa, e não haveria um verdadeiro crente além da promessa da graça, e da graça da promessa.

Prezado leitor, deixe-me perguntar aqui sobre a sua salvação. Você está salvo pelo que você fez? Sua religião é o produto de sua própria força natural? Você se sente igual a tudo o que a salvação pode exigir? Você conclui estar em uma condição segura e feliz por causa de sua excelência natural e de sua capacidade moral? Então você está à moda de Ismael, e para você a herança não virá; pois não é uma herança segundo a carne, mas segundo a promessa.

Se, por outro lado, você diz: "Minha esperança está apenas na promessa de Deus. Ele estabeleceu essa promessa na pessoa de seu Filho Jesus a todo pecador que crê nele; e eu creio nele, portanto confio e creio que o Senhor cumprirá sua promessa e me abençoará. Eu procuro a bênção celestial, não como resultado de meus próprios esforços, mas como o dom do favor gratuito de Deus. Minha esperança está fixada somente no amor gratuito e altruísta de Deus aos homens culpados, pelo qual Ele deu seu Filho Jesus Cristo para afastar o pecado e trazer a justiça eterna para aqueles que não a merecem", então vocês aprenderam a falar como Isaque fala. Este é tipo de linguagem é bem diferente da dos ismaelitas, que dizem: "Nosso pai é Abraão" (João 8:39). A diferença pode parecer pequena para os descuidados, mas é grande de fato. Agar, a escrava-mãe, é uma pessoa muito diferente de Sara, a princesa. Para uma não há promessa de pacto; para a outra, a bênção lhe pertence para sempre. Salvação por obras é uma coisa; salvação por graça é outra. A salvação pela força humana está longe da salvação pelo poder divino: e a salvação por nossa própria determinação é o oposto da salvação pela promessa de Deus.

Coloque-se sob essa investigação e veja a qual família você pertence. Você é de Ismael ou de Isaque?

Se você achar que é como Isaque, nascido de acordo com a promessa, lembre-se de que seu nome é "Riso", pois essa é a interpretação dos hebreus para o nome Isaque. Cuide para que você se alegre com alegria indescritível e cheio de glória. Seu novo nascimento é uma coisa maravilhosa. Se tanto Abraão como Sara riram do fato de pensar de ter Isaque, você certamente poderá fazê-lo com relação a si mesmo. Há momentos em que se eu me sentar sozinho e pensar na graça de Deus para mim, a mais imerecida de todas as suas criaturas, estou pronto para rir e chorar ao mesmo tempo de alegria do fato de o Senhor sempre ter olhado com amor e favor sobre mim. Sim, e cada filho de Deus deve ter sentido a obra daquela natureza de Isaque dentro de sua alma, enchendo sua boca de riso, porque o Senhor fez grandes coisas por ele.

Marque bem a diferença entre as duas sementes, desde o seu início. Ismael vem do homem, e pelo homem. Isaque vem pela promessa de Deus. Ismael é o filho da carne de Abraão. Isaque também é filho de Abraão; então entra o poder de Deus, e da fraqueza de seus pais fica claro que ele é do Senhor — um dom segundo a promessa. A verdadeira fé é certamente o ato do homem que crê; o verdadeiro arrependimento é o ato do homem que se arrepende; contudo, a fé e o arrependimento podem ser descritos com inquestionável correção como obra de Deus, mesmo que Isaque seja filho de Abraão e Sara, e ainda assim ele é mais o dom de Deus.

O Senhor, nosso Deus, que nos convida a acreditar, também nos capacita a acreditar. Tudo o que fazemos de maneira aceitável, o Senhor opera em nós; sim, a própria vontade de fazê-lo é obra dele. Nenhuma religião vale um centavo que não seja essencialmente o fluxo do próprio coração do homem; e, no entanto, deve, sem dúvida, ser obra do Espírito Santo que habita dentro dele.

Ó amigo, se o que você tem dentro de você é natural, e somente natural, isso não vai salvá-lo! O trabalho interior deve ser sobrenatural; deve vir de Deus, ou faltará a bênção do pacto. Uma vida graciosa será sua, como Isaque foi verdadeiramente o filho de Abraão; mas ainda mais será de Deus, pois "a Salvação vem do Senhor" (Salmos 3:8). Devemos nascer do alto.

A respeito de todos os nossos sentimentos e ações religiosas, devemos ser capazes de dizer: "Senhor, tu operaste todas as nossas obras em nós."

3

AS DUAS VIDAS

E não pensemos que a palavra de Deus haja falhado, porque nem todos os de Israel são, de fato, israelitas; nem por serem descendentes de Abraão são todos seus filhos; mas: Em Isaque será chamada a tua descendência. Isto é, estes filhos de Deus não são propriamente os da carne, mas devem ser considerados como descendência os filhos da promessa. Porque a palavra da promessa é esta: Por esse tempo, virei, e Sara terá um filho.

Romanos 9:6-9

ISMAEL e Isaque diferiram quanto à origem, e por isso houve uma diferença em sua natureza que se mostrou na vida deles, e foi vista principalmente em sua relação com a promessa.

De acordo com o nascimento, assim será a vida que dele resultará. No caso do homem que é apenas o que ele se fez ser, haverá apenas o que a natureza lhe dá; mas no caso do homem que é criado de novo pelo Espírito de Deus, haverá sinais a seguir. "Mas vós sois dele, em Cristo Jesus, o qual se nos tornou, da parte de Deus, sabedoria, e justiça, e santificação, e redenção, para que, como

20 FILHOS DA PROMESSA

está escrito: Aquele que se gloria, glorie-se no Senhor" (1Coríntios 1:30-31). Haverá no homem recém-nascido aquilo que a nova vida traz consigo; no homem natural não haverá nada do gênero.

Ismael exibiu algumas das características naturais de Abraão junto com as de sua mãe escrava. Ele era um homem principesco como seu pai e herdou a nobreza do patriarca; mas Isaque tinha a fé de seu pai, e estava na sucessão quanto à vida espiritual interior santa. Como herdeiro da promessa, Isaque permanece com seu pai Abraão, enquanto Ismael está formando seus próprios campos no deserto. Isaque busca aliança com as antigas ações da Mesopotâmia; mas a mãe de Ismael o leva para o Egito, o que era muito natural, uma vez que ela mesma era originária de lá. Os semelhantes se atraem. Isaque meditava no campo ao entardecer, pois sua conversa era a respeito de coisas sagradas; mas Ismael contentava-se com todos os que vinham, pois ele se importava com as coisas terrenas. A meditação não é para o homem selvagem, cuja mão é contra todo homem, e a mão de todo homem contra ele. Isaque entregou-se como um sacrifício a Deus; mas em Ismael nada se vê desse tipo.

O autossacrifício não é para Ismael; ele é mais um assassino e matador do que um cordeiro que se apresenta a Deus. Assim, você verá que se for religiosamente treinado e tutelado, e se tornar "piedoso", como se costuma dizer, e ainda não é renovado no coração, nem visitado pelo Espírito Santo, você não viverá a vida privativa de um filho de Deus. Você pode mostrar muitas das marcas externas de um cristão; você pode ser capaz de cantar, e orar, e citar as

Escrituras, e talvez testemunhar alguns pequenos extratos de experiência imaginária; mas você deve nascer de novo para conhecer de verdade a comunhão dos santos, a comunhão íntima com o Deus vivo (confira Mateus 6:6), e a entrega de si mesmo a Ele como seu culto racional. O filho da promessa permanece com o povo de Deus, e conta com seu privilégio de ser contado com eles. O filho da promessa sente que está na melhor companhia quando nenhum homem pode ver ou ser visto, mas quando o Grande Invisível se aproxima dele e mantém uma conversa com ele. O filho da promessa, e somente ele, é capaz de subir até o topo do monte Moriá, para lá ser amarrado ao altar e entregar-se a Deus. Quero dizer com essa última sentença que somente aquele que nasce do Espírito se renderá totalmente a Deus e amará o Senhor mais do que a própria vida. Sua natureza e sua conduta estarão de acordo com sua origem; e por isso oro para que você possa começar da forma correta, a fim de que, como você professa ser um filho do reino, você possa provar ser um herdeiro nascido de verdade.

Ismael, que nasceu segundo a carne, o filho da escrava, deve sempre suportar o fardo servil. O filho de um escravo não nasce livre. Ismael não é, não pode ser, o que Isaque é — o filho da mulher livre. Agora preste atenção nisto: Não digo que Ismael alguma vez desejou ser como Isaque; não digo que ele se sentiu um perdedor por ser diferente de Isaque; mas, de fato, ele foi assim.

O indivíduo que estiver trabalhando para salvar a si mesmo por meio de suas ações, de seus sentimentos e de sua abnegação, pode estar orgulhosamente ignorando seu estado servil; pode até se vangloriar de ter nascido livre, e nunca foi escravo de ninguém; e ainda assim passa toda a sua vida em servidão. Ele nunca sabe o que significa liberdade, o que significa satisfação, o que significa deleite em Deus. Ele se questiona quando os outros falam da "plena certeza da fé" (confira Hebreus 11:1). Ele julga que eles devem ser presunçosos. Ele tem pouco tempo para respirar entre estalos do chicote. Ele fez tanto, mas deve fazer muito mais; ele sofreu muito, mas deve sofrer muito mais. Ele nunca entrou no "repouso" que resta para o povo de Deus (veja Hebreus 4:9-11), pois ele nasceu de uma escrava, e seu espírito está sempre em cativeiro. Por outro lado, aquele que nasce da mulher livre e entende que a salvação é pela graça de Deus do primeiro ao último, e que quando Deus concede sua graça não a retira, "porque os dons e a vocação de Deus são irrevogáveis" (Romanos 11:29) — tal homem aceitando a obra concluída de Cristo, e conhecendo sua aceitação no Amado, descansa no Senhor e se regozija excessivamente. Sua vida e seu espírito estão cheios de alegria e paz, pois ele nasceu livre, e ele é livre, sim, livre de fato.

Meu leitor entende a liberdade do filho de Deus ou ainda está em servidão sob a lei, com medo de castigos, com temor de ser enviado para o deserto? Se você está nesse último caso, não recebeu a promessa, ou você saberia que tal coisa jamais poderia acontecer. Isaque, o filho da promessa, a quem pertence a herança que permanece para sempre, vive sem medo de ser expulso.

Aqueles que nascem como Ismael, segundo a carne, e cuja religião é uma questão de seu próprio poder e força, ocupam-se das coisas terrenas, como Ismael fez. Somente aqueles que nascem do alto através da promessa de acordo com a fé, como Isaque, se ocuparão das coisas celestiais. Veja como o homem naturalmente religioso se preocupa com as coisas terrenas. Ele é muito regular em seu local de adoração; mas enquanto está lá, ele pensa em seus negócios, na sua casa ou em sua fazenda. Será que ele gosta da adoração a Deus? Ele não! Há um sermão.

Será que ele recebe com mansidão a palavra gravada que é capaz de salvar sua alma? Ele não! Ele a critica como se fosse um discurso político. Ele dá seu dinheiro à causa de Deus como os outros o fazem? Claro que sim, pois ele sente que tem de calar sua consciência e manter sua boa reputação; mas será que ele se importa com a glória de Deus? De modo algum. Se o fizesse, ele daria mais do que dinheiro. As orações de seu coração subiriam para o progresso do reino. Será que ele suspira e chora por causa dos pecados dos tempos? Você o encontra sozinho com Deus derramando seu coração em angústia, porque mesmo em sua própria família existem aqueles que não se convertem a Deus? Você já viu nele uma alegria elevada e santa quando os pecadores são convertidos — uma exultação porque o reino de Cristo está chegando? Oh não, ele nunca se eleva a isso. Todo o serviço de Deus é exterior a ele; no núcleo e no coração das coisas espirituais em que ele nunca entrou, e ele nunca pode entrar. A mente carnal, mesmo quando é religiosa, ainda é inimizade contra Deus, e não está reconciliada com Ele, nem pode ser reconciliada. Deve haver uma mente espiritual criada no homem, ele deve tornar-se uma nova criatura em Cristo Jesus antes que possa apreciar e compreender as coisas espirituais e desfrutar delas.

Para voltarmos ao ponto de partida: "importa-vos nascer de novo" (João 3:7). Devemos nascer do Espírito; devemos receber uma vida sobrenatural, sendo vivificados de nossa morte no pecado. Não podemos dar o fruto do Espírito enquanto não tivermos a vida interior do Espírito. Ismael será Ismael; e Isaque será Isaque. Como o homem é, tal será sua conduta. O homem da visão, da razão e do poder humanos pode fazer seu melhor como Ismael fez; mas somente o filho da promessa ganhará a vida e caminhará pela fé como Isaque fez.

"Linhas duras", dirá alguém. Às vezes é uma grande bênção ter essas linhas duras desenhadas, e traçadas muito retas, também. Com isso, podemos estar no caminho certo para a eternidade. Alguém disse outro dia a um amigo meu: "Certa vez fui ouvir o sr. Spurgeon. Se você tivesse me perguntado como eu me considerava quando entrei na igreja Tabernáculo, eu diria que era um homem muito religioso, pois sempre vivi em Newington, e um homem muito bom, certamente, pois sempre fiz parte de uma congregação; mas tudo isso foi por água abaixo quando ouvi o evangelho naquele dia. Eu saí do lugar com cada pedaço arrancado de mim. Eu me senti o mais miserável pecador que poderia estar na face da terra, e disse que nunca mais ouviria aquele homem, pois ele me detonou completamente". "Sim", disse ele, "mas isso foi a melhor coisa que poderia ter acontecido comigo. Fui obrigado a olhar para além de mim mesmo, e de tudo o que podia fazer para Deus e para sua graça onipotente, e a entender que devo passar novamente sob a mão do meu Criador, ou nunca mais poderia ver seu rosto com alegria". Espero que meu leitor conheça essa verdade por si mesmo — uma verdade solene que é. Assim como antes de tudo Deus fez Adão, assim Ele deve nos fazer novamente, ou então nunca poderemos suportar sua imagem, nem contemplar sua glória. Devemos estar sob a influência da promessa e viver em conformidade com ela, ou nossa vida nunca será guiada por princípios corretos, nem direcionada para os fins corretos.

4

ESPERANÇAS DIFERENTES

A minha aliança, porém, estabelecê-la-ei com Isaque, o qual
Sara te dará à luz, neste mesmo tempo, daqui a um ano. E,
finda esta fala com Abraão, Deus se retirou dele, elevando-se.
Gênesis 17:20-21

NÃO é de todo espantoso que duas pessoas, tão diferentes em seu nascimento e natureza como Ismael e Isaque, tenham se tornado muito diferentes em suas esperanças. Para Isaque, a promessa do pacto ou da aliança se tornou a estrela de seu ser; mas para Ismael não havia surgido tal luz. Ismael visava a coisas grandes, pois ele era o filho natural de um dos maiores dos homens; mas Isaque procurou objetos ainda mais elevados, pois ele era o filho da promessa e o herdeiro da aliança de graça que o Senhor tinha feito com Abraão.

Ismael, com seu espírito altivo e ousado, procurou fundar uma nação que nunca deveria ser subjugada, uma raça indomável como o jumento selvagem do deserto (veja Gênesis 16:12); e seu desejo foi abundantemente concedido: os árabes beduínos são até hoje cópias verdadeiras de seus grandes ancestrais. Ismael em vida percebeu as esperanças estreitas e terrenas pelas quais olhou; mas no livro daqueles que viram o dia de Cristo e morreram na esperança da glória, seu nome não é registrado. Isaque, por outro lado, viu muito à frente, mesmo até o dia de Cristo. Ele procurou uma cidade que tem fundamentos, cujo arquiteto e edificador é Deus (Hebreus 11:10).

Ismael, como o personagem Paixão de *O Peregrino*, teve suas melhores coisas aqui embaixo; mas: Isaque, como o personagem Paciência, esperou por suas melhores coisas para o futuro. Seus tesouros não estavam na tenda e no campo, mas nas coisas "que ainda não se viam" (Hebreus 11:7). Ele havia recebido a grande promessa do pacto, e lá ele encontrou riquezas maiores do que todos os rebanhos de Nebaiote poderiam oferecer a ele. Sob seu olhar, a estrela da manhã da promessa havia brilhado, e ele esperava um meio-dia inteiro de bênção na plenitude do tempo designado. A promessa agiu nele de tal forma que direcionou a corrente de seus pensamentos e expectativas. É assim com você, meu leitor? Você já recebeu e abraçou a promessa da vida eterna? Você está, portanto, esperando por coisas ainda não vistas? Você tem um olho para aquilo que ninguém pode contemplar, exceto os crentes fiéis a Deus? Você deixou a rotina da percepção sensorial atual para o caminho da fé no invisível e eterno?

Sem dúvida, a recepção da promessa e o desfrute de suas esperanças influenciaram a mente e o temperamento de Isaque, de modo que ele era de espírito tranquilo. Para ele, não houve guerras e lutas. Ele entregou a Deus o seu presente, e esperou nele pelo seu futuro. Isaque sentiu que, como nasceu em decorrência da promessa, era para Deus abençoá-lo e cumprir a promessa que tinha feito a seu respeito; e assim ele permaneceu com Abraão e se manteve afastado do mundo exterior. Ele esperava de forma calma e paciente a bênção de Deus. Seu olhar estava voltado para o futuro, para a grande nação ainda por vir, para a Terra Prometida, e para a semente prometida ainda mais gloriosa, na qual todas as nações da terra seriam abençoadas (Gênesis 22:18). Por tudo isso, Isaque olhou apenas para Deus, julgando sabiamente que quem prometeu cuidaria Ele mesmo para que ela se cumprisse.

Por causa dessa fé, Isaque não era menos ativo; no entanto, ele não manifestava nenhuma da orgulhosa autossuficiência tão aparente em Ismael. Isaque era enérgico à sua própria maneira, com uma serena confiança em Deus e uma submissão silenciosa à suprema vontade do Senhor. Ano após ano, ele se manteve separado do mundo, e enfrentou desarmado o perigo que surgiu de seus vizinhos pagãos — perigos que Ismael enfrentou com sua espada e com seu arco. Sua confiança estava naquela voz que dizia: "Não toqueis nos meus ungidos, nem maltrateis os meus profetas" (1Crônicas 16:22). Ele era um homem de paz, e mesmo assim vivia tão seguro quanto seu irmão guerreiro. Sua fé na promessa lhe deu esperança

30 FILHOS DA PROMESSA

de segurança, sim, lhe deu a própria segurança, embora os cananeus ainda estivessem na terra.

Assim, a promessa opera sobre nossa vida atual, criando em nós uma elevação de espírito, uma vida acima do ambiente visível, uma calma e um estado de espírito celestial. Isaque encontra seu arco e sua lança em seu Deus. Ele é o seu escudo e a sua excelsa recompensa (Gênesis 15:1). Sem um pedaço de terra para chamar de seu, habitou como um peregrino e um estranho na terra que Deus lhe havia outorgado por promessa, Isaque se contentava em viver de acordo com a promessa e se considerava rico em alegrias vindouras. Seu espírito notavelmente quieto e equânime, enquanto levava a vida incomum e inabalável de um dos grandes pais peregrinos, surgiu de sua simples fé na promessa do Deus imutável.

A esperança, acesa por uma promessa divina, afeta toda a vida de um homem em seus pensamentos, caminhos e sentimentos mais íntimos; pode parecer menos importante do que um comportamento moral correto, mas, na verdade, a esperança é vital, não apenas em si mesma, mas naquilo que produz sobre a mente, o coração e a vida. A esperança interior de um homem é um teste mais verdadeiro de sua condição diante de Deus do que os atos religiosos de qualquer dia, ou mesmo as devoções públicas de um ano. Isaque segue seu silencioso caminho santo até ficar velho e cego, e adormece gentilmente confiando em seu Deus, que se revelou a ele, e o chamou para ser seu amigo, e disse: "Fica na terra que eu te disser; 3habita nela, e serei contigo e te abençoarei; porque a ti e a tua descendência darei todas estas terras e confirmarei o juramento que fiz a Abraão, teu pai" (Gênesis 26:2,3; 22:18).

Como são as esperanças de alguém, assim ele será. Se sua esperança está na promessa de Deus, está tudo bem e você deve estar bem com Ele.

Leitor, quais são suas esperanças? Há quem diga: "Estou esperando até que um parente morra, e então serei rico. Tenho grandes expectativas". Outro põe sua esperança em seu comércio em constante crescimento; e ainda outro espera muito de uma especulação financeira promissora. Esperanças que podem ser realizadas em um mundo moribundo são meros escárnios. Esperanças sem perspectivas além do túmulo são janelas opacas para uma alma olhar através delas. Feliz aquele que acredita na promessa e se sente seguro de seu cumprimento no devido tempo, e deixa tudo o mais nas mãos daquele que é sabedoria e amor infinitos. Tal esperança suportará provações, vencerá tentações e desfrutará do que está abaixo do céu.

Quando Cristo morreu na cruz, nossas esperanças começaram; quando Ele se levantou, elas foram confirmadas; quando Ele subiu ao céu, elas começaram a ser cumpridas; quando Ele vier segunda vez, elas serão realizadas. Estamos neste mundo apenas de passagem, como peregrinos, e Deus nos prepara uma mesa na presença de nossos inimigos (Salmos 23:5); e no mundo vindouro possuiremos a terra que mana leite e mel, uma terra de paz e alegria, onde o sol não mais se porá, nem a lua se retirará (Números 14:8; Isaías 60:20). Até lá, esperamos, e nossa esperança se agarra à promessa.

5

PERSEGUIÇÃO RESULTANTE DA PROMESSA

Vós, porém, irmãos, sois filhos da promessa, como Isaque.
Como, porém, outrora, o que nascera segundo a carne perseguia
ao que nasceu segundo o Espírito, assim também agora.
Gálatas 4:28-29

QUANDO os irmãos diferem tanto como Ismael e Isaque, não é surpreendente que eles caiam e se deixem levar por sentimentos indelicados. Ismael era mais velho que Isaque, e quando chegou a hora de Isaque ser desmamado, sua mãe, Sara, viu o filho da escrava zombando de seu filho, tão cedo a diferença de nascimento e condição começou a se manifestar. Isto pode nos servir como uma indicação do que podemos esperar se possuirmos a vida dada por Deus e formos herdeiros de acordo com a promessa. Aqueles que estão sob a escravidão da lei não podem amar aqueles que nascem livres pelo evangelho e, de uma forma ou de outra, logo exibem sua inimizade.

Não estamos pensando agora na hostilidade entre o mundo mau e a igreja, mas naquilo que existe entre os homens de uma religião meramente natural e aqueles que nascem de Deus. Não falamos dos filisteus que se opõem a Isaque, mas de seu irmão Ismael zombando dele. O mais importante de tudo é essa oposição dos religiosos externos àqueles que nascem do alto e adoram a Deus em espírito e em verdade. Muitos filhos preciosos de Deus têm sofrido amargamente com o ódio cruel daqueles que professam ser seus irmãos.

Provavelmente o motivo de Ismael era a inveja; ele não podia suportar que o pequeno tivesse preeminência sobre si mesmo. Ele parecia dizer: "Este é o herdeiro, e por isso eu o odeio". Talvez ele zombasse da condição de herdeiro de Isaque e se vangloriasse de ter o melhor direito à propriedade que o filho da promessa poderia ter. Assim, os meros seguidores professos invejam a condição dos crentes e se consideram tão bons quanto os melhores daqueles que esperam ser salvos pela graça de Deus. Eles não desejam a graça de Deus e, no entanto, como o cachorro na manjedoura,[1] não podem suportar que outros a tenham; eles invejam nos santos a sua esperança, a sua paz de espírito e o seu gozo do favor de Deus. Se algum de vocês achar isso, não fiquem minimamente surpresos.

---

[1] A metáfora do cachorro na manjedoura deriva de uma antiga fábula grega, que foi transmitida em várias versões diferentes. Interpretada de várias maneiras ao longo dos séculos, a metáfora é usada para falar de alguém que se recusa a dar algo que não usa ou não precisa para alguém que realmente está necessitado dessa coisa.

A inveja de Ismael se manifestou mais na grande festa que havia sido feita no desmame de seu irmão; e mesmo assim, os legalistas, como o irmão mais velho na Parábola do Filho Pródigo, se tornam mais provocados quando há mais ocasião para regozijo em conexão com o filho amado do Pai (Lucas 15:11-32). A música e a dança da verdadeira família são amargura e aborrecimento para os orgulhosos, meros professos de religião que não conhecem a verdadeira vida em Cristo Jesus. Quando a plena certeza é desmamada da dúvida, e o santo deleite é desmamado do mundo, então o religioso carnalista escarnece dos piedosos e os chama de loucos, fanáticos ou murmuram com sarcasmo ressentido: "Pobres tolos! Deixe-os em paz; eles estão tristemente iludidos". Pessoas que são religiosas mas não verdadeiramente regeneradas, que estão trabalhando e esperando ser salvas por seus próprios méritos, geralmente exibem um ódio amargo contra aqueles que nascem da promessa.

Às vezes, eles zombam de sua fraqueza. Talvez Ismael tenha chamado Isaque de um mero bebê recém-desmamado. Uma vez que os crentes são um povo com fraquezas, muito provavelmente eles suscitarão o escárnio daqueles que se acham de mente forte. Isaque não podia negar que era fraco, nem os crentes podem negar que são imperfeitos, e estão sujeitos a enfermidades que podem colocá-los sob justa censura; mas o mundo supervaloriza isso mais do que é justo, e zomba dos santos por fraquezas que em outros seriam ignoradas. Não devemos achar estranho que a nossa insignificância e imperfeição ponham os fariseus orgulhosos e presunçosos a zombar de nós e de nosso evangelho.

Frequentemente, a disputa é suscitada pelas afirmações do crente. Isaque foi chamado de "o herdeiro", e Ismael não suportava ouvi-lo. "Veja", diz o legalista, "até pouco tempo esse sujeito era um notório pecador; agora, ele diz que creu em Jesus Cristo e, portanto, declara que é salvo e aceito, e está seguro de que irá para o céu. Você já ouviu falar de tamanha presunção?". Aquele que abraça suas correntes odeia a presença de um homem livre. Aquele que recusa a misericórdia de Deus porque confia orgulhosamente em seus próprios méritos, está irado com quem se regozija de ser salvo pela graça.

Talvez o pequeno Isaque, filho de pais tão idosos, parecesse estranho e esquisito para o jovem egípcio mestiço. Nenhuma pessoa é tão estranha para seus semelhantes como um homem nascido do alto. Viver pela fé na promessa de Deus deveria parecer a coisa mais apropriada e natural do mundo; mas não é tão estimado assim. Pelo contrário, muitos os consideram seres estranhos que acreditam em Deus, e agem de acordo com tal crença. Os miseráveis meninos nas ruas ainda se queixam dos que lhes parecem estranhos, e os homens do mundo ainda brincam com os verdadeiros crentes, por causa de seu espírito e conduta considerados insensatos. Para nós, esse é um testemunho para o bem, pois nosso Senhor disse: "Se vós fôsseis do mundo, o mundo amaria o que era seu; como, todavia, não sois do mundo, pelo contrário, dele vos escolhi, por isso, o mundo vos odeia" (João 15:19).

De inúmeras maneiras — muitas delas tão mesquinhas a ponto de serem indignas de menção —, o crente pode ser obrigado a suportar uma cruel "prova de escárnios" (Hebreus 11:36), e ele deveria estar preparado para isso. Afinal, hoje em dia, esse tipo de perseguição é considerado de somenos importância, pois as fogueiras de Smithfield[2] foram extintas, e a torre dos Lollardos[3] não contém mais prisioneiros, e nem mesmo um parafuso de polegar[4] permanece em uso. Coragem, meu irmão! Mesmo se você for ridicularizado, nenhum osso será quebrado; e se você for corajoso o suficiente para desprezar o desprezo, mesmo seu sono não será perturbado.

O Isaque que zombava de Ismael é apenas uma entre as inúmeras demonstrações da inimizade que existe entre a semente da mulher e a semente da serpente. A mistura desses dois na casa de Abraão se deu através de sua descida ao Egito e agindo de forma incrédula para com o faraó. Então a serpente egípcia foi entregue a Sara, e o elemento maligno entrou no acampamento. Sara, em um momento ruim, entregou a escrava a seu marido, resultando em tristeza e uma enxurrada de lágrimas. Nenhuma associação dos não

---

[2] Distrito de Londres em que cristãos associados à Reforma protestante, e outros, foram martirizados na fogueira durante o reinado de Maria I (1553-1558) da Inglaterra.

[3] Seguidores das ideias e doutrinas de John Wycliffe (1320-1384), teólogo inglês precursor da Reforma protestante.

[4] Os parafusos de polegar eram um instrumento de tortura, no qual os polegares dos prisioneiros eram posicionados nas aberturas, e apertavam-se os parafusos, o que causava dor intensa ou o esmagamento lento da falange (pequeno osso tubiforme que constitui o esqueleto dos dedos das mãos e dos pés).

regenerados com a Igreja de Deus servirá para alterar a natureza deles — Ismael no acampamento de Abraão ainda é Ismael. Hoje, os inimigos mais ferozes da verdade de Deus são os não salvos em nossa comunhão. São eles que fazem com que os crentes em um ensino evangélico sadio pareçam estranhos nas igrejas que foram fundadas com base na doutrina bíblica.

Eles fazem de nós estrangeiros em nossa própria pátria; são indulgentes com todo tipo de heresia, mas consideram o crente nas doutrinas de graça — a quem desprezam como antiquado e fanático — um mortal retrógrado que deveria voluntariamente procurar uma sepultura e se enterrar. No entanto, quem confia em seu Deus e acredita em seu pacto será capaz de sobreviver a todas as zombarias, pois, em Cristo, ele conta com maiores riquezas do que todos os tesouros do Egito (Hebreus 11:26). Não é vergonhoso de modo algum confiar em Deus; pelo contrário, é uma honra confiar nele, pois Deus é fiel e verdadeiro; e se crente tiver que sofrer por isso, o fará com alegria. Por isso, vocês, que estão aprendendo pela graça a viver segundo a promessa de Deus pela fé, revistam-se com uma santa coragem. O grande Cabeça da família não foi desprezado e rejeitado pelos homens? O restante da irmandade não deve ser conformada ao "Primogênito entre muitos irmãos"? (Romanos 8:29) Se nos tornarmos participantes dos sofrimentos de Cristo, seremos participantes de sua glória (1Pedro 4:13); portanto, partilhemos dos sofrimentos e da glória daquele que é o Herdeiro crucificado de todas as coisas.

6

A SEPARAÇÃO

Contudo, que diz a Escritura? Lança fora a escrava e seu filho, porque de modo algum o filho da escrava será herdeiro com o filho da livre.
Gálatas 4:30

ISAQUE e Ismael viveram juntos por um tempo. O religioso professo e o crente na promessa podem ser membros da mesma igreja por anos, mas não estão de acordo e não podem ser felizes juntos, pois seus princípios são essencialmente opostos. À medida que o crente cresce na graça e entra em sua maturidade espiritual, ele será cada vez mais desagradável para o legalista, e, no final, se verá que os dois não têm comunhão um com o outro. Eles devem se separar, e esta é a palavra que será cumprida para o ismaelita: "Lança fora a escrava e seu filho, porque de modo algum o filho da escrava será herdeiro com o filho da livre", com Isaque. Por mais dolorosa que seja a separação, será de acordo com a vontade divina e de acordo com as necessidades do caso. Óleo e água não se misturarão, nem a religião do homem natural concordará com a que nasce da promessa e por esta é sustentada. Sua separação será apenas o resultado externo de uma séria diferença que sempre existiu.

Ismael foi mandado embora, mas logo deixou de lamentar, pois encontrou maior liberdade com as tribos selvagens do país, entre as quais logo se tornou um grande homem. Ele prosperou muito e tornou-se o pai dos príncipes; ele estava em sua própria esfera no mundo inteiro; lá, ele teve honra e ganhou um nome entre seus maiorais. Acontece com frequência que o homem carnalmente religioso nutre muitas expectativas positivas a respeito de si mesmo; e tendo um desejo de brilhar, ele entra na sociedade, é apreciado e se torna notável. O mundo certamente ama os seus. O religioso aspirante geralmente abandona seus primeiros amigos e declara abertamente: "Abandonei o estilo antiquado da religião. Quando eu era simples, parecia que os santos eram pessoas muito bem afortunadas, mas agora que sou afortunado de verdade sinto que devo me misturar com pessoas de hábitos mais refinados". Ele o faz, e tem sua recompensa. Ismael teve sua parte nesta vida, e nunca expressou o desejo de compartilhar o pacto celestial e suas misteriosas bênçãos. Se meu leitor se sentiria mais livre e mais em casa na sociedade do que na igreja de Deus, deixe-o saber com certeza que ele pertence ao mundo, e não deixe que ele se engane. O que estiver em seu coração faz dele o que ele é. Nenhuma medida de trabalho forçado pode transformar Ismael em Isaque, ou um mundano em um herdeiro do paraíso.

Externamente, e nesta vida atual, o herdeiro da promessa não parece ter o melhor de tudo. Aliás, isso não deveria ser realmente esperado, já que aqueles que escolherem sua herança no futuro concordaram, de fato, em aceitar o julgamento no presente.

Isaque experimentou certas aflições que Ismael nunca conheceu: foi ridicularizado e, por fim, foi colocado sobre o altar; mas nada disso aconteceu com Ismael. Vocês, que como Isaque são os filhos da promessa, não devem invejar aqueles que são os herdeiros desta vida atual, embora sua sorte pareça mais fácil do que a sua. Sua tentação é fazê-lo, assim como agiu o salmista quando estava pesaroso por causa da prosperidade dos ímpios (confira o Salmo 73). Nesta inquietação, existe uma medida de fugir de nossa escolha espiritual. No entanto, não concordamos em tomar nossa herança no futuro e não no presente? Arrependemo-nos desse acordo? Além disso, como é absurdo invejar aqueles que são eles mesmos tão lastimados! Perder a promessa é praticamente perder tudo; e os professos religiosos perderam-na. Esses seguidores mundanos não têm luz espiritual nem vida, e não desejam nenhuma.

Que perda é estar no escuro e não se dar conta desse fato! Esses perdidos têm religião suficiente para torná-los respeitáveis entre os homens e confortáveis em suas próprias consciências, mas isto é um ganho lamentável se eles são abomináveis aos olhos de Deus. Eles não sentem nenhuma contrição e luta interior; não encontram nenhuma contenda do velho homem contra o novo; e assim passam pela vida com um ar alegre, não sabendo nada até que seu fim chegue. Que desgraça ser tão passional! Mais uma vez, eu lhes digo: Não os invejem. De longe, a vida de Isaque com seu sacrifício é muito melhor do que a de Ismael com sua soberania e liberdade selvagem; pois toda a grandeza do mundo logo terminará e não deixará nada para trás, a não ser aquilo que tornará o mundo eterno o mais miserável.

No entanto, não sonhe que os crentes sejam infelizes. Se tivéssemos esperança apenas nesta vida, deveríamos ser realmente infelizes; mas a promessa ilumina toda a nossa carreira e nos torna verdadeiramente abençoados. O sorriso de Deus, que se vê pela fé, nos dá plenitude de alegria. Colocar a vida do crente na maior desvantagem possível, pintá-la com as cores mais sombrias, tirar dela não só o conforto, mas também o necessário, ainda assim o cristão, no seu pior, é melhor do que o mundano no seu melhor. Que Ismael tenha o mundo inteiro; que Deus lhe dê tantos mundos quantos as estrelas no céu da meia-noite, e não o invejaremos. É nosso dever ainda assumir nossa cruz e sermos peregrinos e estrangeiros com Deus nesta terra, como todos os nossos pais foram; pois a promessa, embora pareça distante para os outros, nós, pela fé, a percebemos e abraçamos, e nela encontramos um céu acima de nós. Permanecendo ao lado de Deus e do seu povo, contamos nossa sorte muito melhor que a dos maiores e mais honrados dos filhos deste mundo.

A perspectiva da segunda vinda de nosso Senhor, e de nossa própria glória eterna em comunhão com Ele, é suficiente para nos encher de segurança enquanto esperamos por sua aparição.

Essa diferença na terra nos levará a uma triste divisão na morte. O filho da escrava deve ser expulso na eternidade, assim como no tempo. Ninguém que reivindique entrar no céu por suas próprias obras ou se vanglorie de tê-lo conquistado por suas próprias forças poderá entrar. A glória é reservada para aqueles que são salvos pela graça, e ninguém que confia em si mesmo pode entrar ali. Que coisa terrível será quando aqueles que trabalharam para estabelecer sua própria justiça, e não se submeteram à justiça de Cristo, serão expulsos! Como então eles invejarão aqueles humildes que estavam a aceitar o perdão através do sangue de Jesus! Como descobrirão sua loucura e maldade por terem desprezado o dom de Deus, preferindo sua própria justiça à do Filho de Deus!

Como as pessoas que são representadas por Ismael e Isaque são finalmente separadas, os princípios sobre os quais estão alicerçadas nunca devem ser misturados, pois eles não podem de forma alguma concordar. Não podemos ser salvos em parte por nós mesmos e, em parte, pela promessa de Deus. O princípio e a noção de conquistar por méritos próprios a salvação devem ser expulsos da mente. Todo grau e forma dele deve ser "lançado fora". Se formos tão insensatos a ponto de colocar nossa dependência em parte na graça e em parte no mérito, estaremos descansando um pé sobre uma rocha e o outro sobre o mar, e nossa queda será certa. Não pode haver divisão da obra ou da glória da salvação. Deve ser tudo pela graça ou tudo pelas obras, tudo da parte de Deus ou tudo da parte do homem; mas não pode ser metade de um e metade do outro. Devemos por fim à tentativa inútil de unir dois princípios que são tão adversos quanto o fogo e a água. A promessa, e somente a promessa, deve ser o fundamento de nossa esperança, e todas as noções legalistas devem ser severamente descartadas como irreconciliáveis com a salvação pela graça. Não devemos começar no espírito, e esperar ser perfeitos na carne. Nossa religião deve ser toda de uma única peça, isto é, inteira. Semear com semente de duas espécies misturadas ou usar um traje de linho e lã misturados era proibido ao povo antigo do Senhor (confira Levítico 19:19 e Deuteronômio 22:11); e para nós é ilegal misturar misericórdia e mérito, graça e dívida. Sempre que entrar a noção de salvação por mérito, ou sentimento, ou cerimônias, devemos expulsá-la sem demora, embora seja tão cara para nós como Ismael era para Abraão. A fé não é a visão; o espírito não é a carne; a graça não é o mérito; e nunca devemos esquecer a distinção, para não cairmos em erro grave e não perdermos a herança que pertence apenas aos herdeiros "mediante a promessa".

Aqui está a nossa confissão de fé:

> Sabendo, contudo, que o homem não é justificado por obras da lei, e sim mediante a fé em Cristo Jesus, também temos crido em Cristo Jesus, para que fôssemos justificados pela fé em Cristo e não por obras da lei, pois, por obras da lei, ninguém será justificado (Gálatas 2:16).

Aqui também está a clara linha de distinção quanto ao método de nossa salvação, e desejamos mantê-lo claro e manifesto:

Assim, pois, também agora, no tempo de hoje, sobrevive um remanescente segundo a eleição da graça. E, se é pela graça, já não é pelas obras; do contrário, a graça já não é graça (Romanos 11:5-6).

Leitor, você consegue enxergar essa verdade?

7

DE QUEM SÃO AS PROMESSAS?

E, se sois de Cristo, também sois descendentes de
Abraão e herdeiros segundo a promessa.
Gálatas 3:29

O SENHOR é sempre justo e bom para com suas criaturas — é da sua natureza ser assim. Não havia necessidade — nem em sua justiça nem em sua bondade — de que Ele fizesse promessas de graça àqueles que se rebelaram contra Ele. O ser humano renunciou a toda forma de reivindicar algo de seu Criador, reivindicação essa que ele pode ter pensado que possuía; pois ele quebrou a lei pura e santa, a qual estava obrigado a obedecer. Nada agora é cabido ao ser humano, a não ser a devida recompensa pelos seus pecados. Se Deus deve agora tratar o indivíduo com base em uma justiça rigorosa, Ele deve condená-lo e puni-lo. Qualquer coisa no caminho do favor a uma criatura culpada deve proceder somente da imerecida misericórdia e bondade soberana de Deus; deve brotar espontaneamente da boa vontade e do bel-prazer do Altíssimo. As promessas de graça fluem do amor sem limites de Deus, e só disso. Elas não poderiam ter procedido de nenhuma outra fonte. Nenhum indivíduo da raça humana tem qualquer direito natural a promessas de bênçãos, nem o mundo inteiro da humanidade pode merecê-las. Deus fez promessas aos seres humanos de sua própria livre vontade e bom prazer, sem nenhum motivo a não ser aquele amor que está dentro de si mesmo.

Ele escolheu fazer suas promessas às pessoas eleitas, que com o passar do tempo são descobertas pelo exercício da fé nele. Aqueles a quem Deus escolheu são guiados pelo Espírito Santo para escolher Deus e seu caminho de salvação pela fé em Cristo Jesus. Os eleitos ouvem a pregação do "ano aceitável do Senhor" (Isaías 61:2) e são levados à fé em Jesus; e todos os que têm fé nele podem concluir, sem dúvida, que fazem parte do número escolhido a quem as promessas são dadas. Aos que vivem e morrem na incredulidade não há promessa absoluta e pessoal de Deus; eles não estão sob a graça, mas sob a lei, e a eles pertencem as maldições, e não as promessas. Eles preferem outro método de lidar com a promessa graciosa e, no final, perecem como resultado de sua preferência tola. Os escolhidos do Senhor são levados a abandonar o orgulhoso caminho do ego e do mérito — eles tomam o caminho da fé, e assim encontram descanso para a alma. Acreditar na Palavra de Deus e confiar naquele que Deus enviou para ser nosso Salvador pode parecer uma coisa pequena, mas de fato não é assim; é o sinal da eleição, o sinal da regeneração, a marca da glória vindoura. Então, um coração reconciliado com Deus, um espírito no qual está presente o germe da perfeita santidade, acredita que Deus é verdadeiro para satisfazer os interesses eternos de alguém em sua promessa.

Quando acreditamos em Deus — tal como Ele é revelado em Cristo Jesus -, acreditamos em todas as suas promessas. A confiança na Pessoa envolve confiança em tudo o que ela fala; por isso, aceitamos todas as promessas de Deus como sendo seguras e certas. Não confiamos em uma promessa e duvidamos de outra, mas confiamos em cada uma delas como verdadeira, e acreditamos que ela é verdadeira para nós, na medida em que respeita nossa condição e circunstâncias. Argumentamos a partir de declarações gerais até aplicações particulares. Aquele que disse que salvará aqueles que acreditam nele, Ele me salvará, pois acredito nele; e toda bênção que Ele se comprometeu a conceder aos crentes, Ele me concederá como um crente. Esse é um bom raciocínio, e por ele justificamos a fé pela qual vivemos e somos consolados. Não porque eu mereça alguma coisa, mas porque Deus me prometeu livremente em Cristo Jesus; portanto, eu a receberei. Eis a razão e o fundamento de nossa esperança.

À primeira vista, é de admirar que nem todas as pessoas acreditem em Deus. Parece que essa marca da eleição divina estaria universalmente presente; pois Deus não pode mentir, e não há razão para suspeitar que Ele tenha mudado, ou falhado na capacidade de cumprir sua palavra. No entanto, tão falso é o coração do ser humano, que ele duvida de seu Criador. Ele odeia seu Deus, e por isso o desacredita. É a prova mais segura da inimizade natural do sujeito contra Deus que ele ousa imputar a falsidade a alguém que é a própria verdade: "Aquele que não dá crédito a Deus o faz mentiroso, porque não crê no testemunho que Deus dá acerca do seu Filho" (1João 5:10).

A confiança real e prática no Deus vivo, fácil como parece ser, é uma virtude que nunca foi praticada por um coração não renovado. A gloriosa expiação feita pelo Filho de Deus encarnado é digna da confiança de toda a humanidade. Seria fácil imaginar que todo pecador se lavaria imediatamente nessa fonte purificadora e, sem hesitação, acreditaria no divino Redentor, mas está muito longe de ser assim. As pessoas não virão a Cristo para que possam ter vida. Elas preferem confiar em qualquer coisa ao sacrifício de Jesus. Até que o Espírito Santo faça um milagre sobre um indivíduo, ele não confiará no grande sacrifício que Deus providenciou e aceitou para o afastamento da culpa. Daí que é tão simples, uma questão comum de fé, ainda que se torne a marca distintiva dos escolhidos do Senhor. Nenhum outro sinal é tão infalível: "Quem crê no Filho tem a vida eterna" (João 3:36). Sentimentos e ações podem servir como provas; mas a prova principal de um interesse na promessa de Deus é a fé nele. "É o caso de Abraão, que creu em Deus, e isso lhe foi imputado para justiça" (Gálatas 3:6; confira Gênesis 15:6). Havia muitos outros pontos bons no caráter do patriarca, mas este foi o decisivo: ele creu em Deus; de fato, essa foi a raiz de tudo o mais que era louvável nele.

As pessoas carnais desprezam a fé e a colocam em contraste com a ação virtuosa; mas esse contraste não é justo; pode-se também contrastar uma fonte com seu riacho, ou o sol com seu próprio calor. Se a verdadeira fé for a mãe da santidade, que a graça-mãe seja louvada por causa de sua prole, e que não seja contrastada com ela. Tal raciocínio injusto vem de uma malícia desprezível: se os seres humanos amassem as boas obras tanto quanto pretendem amá-las, eles amariam a fé que as produz.

Deus ama a fé porque ela o honra, e também porque leva a atos de obediência a Ele, obediência que inclui o amor a nossos semelhantes. Há mais na fé do que se vê. É em certo aspecto a maior de todas as boas obras, como o próprio Jesus, nosso Senhor, nos ensina. Os judeus lhe perguntaram: "Que faremos para realizar as obras de Deus?" (João 6:28). Eles desejariam realizar obras semelhantes às de Deus, obras acima de todas as outras aprovadas pelo Senhor. Jesus lhes respondeu: "A obra de Deus é esta: que creiais naquele que por Ele foi enviado" (João 6:29). Era o máximo que poderia ser dito: a obra mais divinamente aprovada possível para vocês é crer no Messias. Crer no Senhor Jesus é o ápice da virtude. Os indivíduos orgulhosos podem escarnecer, mas estas afirmações são verdadeiras: "Sem fé é impossível agradar a Deus" (Hebreus 11:6) e "nenhuma condenação há para os que estão em Cristo Jesus" (Romanos 8:1). A promessa é feita àquele que crê na promessa, e a ele será cumprida. Aquele que abraça a promessa é abraçado pela promessa. Aquele que aceita a Cristo, é aceito em Cristo. Aquele que crê verdadeiramente é certamente salvo.

Leitor, você crê em seu Deus?

8

A PROMESSA É UM DOM GRATUITO

*Pelas quais nos têm sido doadas as suas preciosas e mui grandes
promessas, para que por elas vos torneis coparticipantes da natureza
divina, livrando-vos da corrupção das paixões que há no mundo.*
2Pedro 1:4

OBSERVE a palavra "doadas". Pedro diz: "Pelas quais nos têm sido *doadas* as suas preciosas e mui grandes promessas". Devemos tudo ao dom de Deus. Vivemos da caridade divina. Tudo o que recebemos como doação e tudo o que devemos ter devem vir da mesma forma. "Porque o salário do pecado é a morte, mas o dom gratuito de Deus é a vida eterna em Cristo Jesus, nosso Senhor" (Romanos 6:23). Não somos capazes de ganhar nada, mas Deus é capaz de dar todas as coisas. Tudo — até a salvação — é um dom, um dom gratuito, um dom imerecido, um dom espontâneo do amor divino. A promessa de salvação é da mesma natureza.

"Mais bem-aventurado é dar que receber" (Atos 20:35); e aquele que é o mais abençoado de todos, o Deus que sempre nos abençoa, tem prazer em dar. Sua natureza é dar tanto quanto a natureza do sol é brilhar, ou de um rio, cuja essência é fluir. Como somos abençoados em ser receptores! É muito importante que isso seja enfatizado, pois é necessário refletirmos na necessidade de sermos recebedores; pois as coisas que precisamos são tais que se não as obtivermos, estamos perdidos agora, e perdidos para sempre. Se estivermos sem Deus, estamos sem vida, sem luz, sem esperança e sem paz. Se Deus não nos der segundo as riquezas de sua graça, estaremos então piores que os laodicenses: infelizes, miseráveis, pobres, cegos e nus (veja Apocalipse 3:17); estaremos total e completamente perdidos. Não é possível que mereçamos tais preciosas dádivas. Mesmo que pudéssemos merecer qualquer coisa, tais coisas deveriam chegar até nós sem dinheiro e sem preço. Uma promessa de Deus deve ser uma bênção da graça; não podemos afirmar que Deus deve nos prometer seu favor e as bênçãos inestimáveis decorrentes dele.

Isso nos ensina que postura assumir. O orgulhoso deve se tornar dependente. Aquele que vive de doações deve ser humilde e grato. Nós somos mendigos à porta da misericórdia. No belo portão do templo nos sentamos todos os dias para pedir uma esmola, não dos adoradores, mas daquele a quem os anjos adoram. Tantas vezes quanto o Senhor passar diante de nós, devemos pedir, e Ele nos dará; nem nos surpreende que recebamos de seu amor, pois Ele prometeu conceder grandes misericórdias. Ele nos ensinou a dizer: "O pão nosso de cada dia dá-nos hoje" (Mateus 6:11), e por isso não temos vergonha nem medo de lhe pedir todas as coisas. A nossa existência é uma vida de dependência, e nos deleitamos em que seja assim. É aprazível receber todas as coisas das mãos de nosso Senhor crucificado. Feliz é a pobreza que nos leva a ser ricos em Cristo. Não ganhamos nada, e ainda assim recebemos tudo, três vezes mais felizes por sermos participantes de hora em hora do dom de Deus, pelo qual "nos têm sido doadas as suas preciosas e mui grandes promessas".

Amados, esse ensinamento a respeito da promessa de puro dom deve ser extremamente encorajador para todos os que acham que perderam sua herança e se sentem espiritualmente falidos. Para os tais, esta é uma palavra de encorajamento: *tudo nos é dado gratuitamente por Deus*. Por que Ele não deveria dar a eles, assim como dá a outros necessitados? Aqueles de nós que se alegram em Deus receberam todas as coisas como uma doação, um presente; por que outros não deveriam receber o mesmo? Eles dizem: "Não há nada mais espontâneo do que um presente". Por que meu leitor não deveria receber tanto quanto me é concedido? Para aquele que está disposto a dar, a pobreza, por parte do receptor, é uma recomendação em vez de um obstáculo. Venha, então, você que está sem mérito, Cristo será seu mérito. Venham, vocês que não têm justiça, pois Ele será a sua justiça. Venham, vocês que estão cheios de pecado como um mar está cheio de água, e o Senhor perdoador afugentará o seu pecado. Venham, vocês que estão totalmente abandonados, e serão enriquecidos em Jesus. Sua condição de mendigo será útil e vocês prosperarão, pois vejo que vocês têm uma fome cruel e o bolso vazio. Aquele que está necessitado não deve ter vergonha de mendigar. Um mendigo não precisa de estoque. "Sandálias velhas e remendadas" (Josué 9:5) e trapos gastos e sujos — esses formam uma vestimenta adequada para um mendigo. Você não está vestido dessa maneira espiritualmente? Quanto mais pobre e miserável, mais bem-vindo você é à porta da caridade divina. Quanto menos você tem de si mesmo, mais bem-vindo você é para Aquele que dá gratuitamente, e que não o repreende por sua insuficiência.

> Venham, necessitados, venham e sejam bem-vindos,
> A graça de Deus glorifica.
> A verdadeira crença e o verdadeiro arrependimento,
> Toda graça que nos aproxima, sem dinheiro,
> Venham a Jesus Cristo e recebam.

Sim, tudo isso é um presente, uma doação. Esse é o evangelho que somos enviados a pregar a vocês:

> Porque Deus amou ao mundo de tal maneira que deu o seu Filho unigênito, para que todo o que nele crê não pereça, mas tenha a vida eterna (João 3:16).

> E o testemunho é este: que Deus nos deu a vida eterna; e esta vida está no seu Filho (1João 5:11).

A parte de Deus é dar tudo; a nossa parte é receber todas as coisas da parte dele. A promessa já está feita, e livremente feita; ela será cumprida, e livremente cumprida. Deus não começa com a doação, e depois passa a cobrar um preço. Nenhuma comissão é exigida após o recebimento de sua graça. Ele não pede ou recebe uma moeda sequer; seu amor é totalmente um presente. Aceite essa promessa de Deus como uma doação. Ele não se rebaixará para dar ouvidos a quaisquer outras condições.

A palavra "doadas" — no texto de 2Pedro 1:4 — é um convite claro para os mais pobres dos pobres. Oh, que eles decidam aproveitar! O grande sino está tocando; ele toca para que todos os que quiserem vir à grande mesa da infinita liberalidade possam ouvi-lo e aproximar-se livremente, de acordo com a riqueza da graça de Deus. Ele promete salvação e vida eterna a todos os que creem em seu Filho, Jesus Cristo. Sua promessa é firme e segura. Por que as pessoas não acreditam nela?

Leitor, o que você tem a dizer acerca dessa promessa tão livremente dada a todos os crentes? Você vai crer nela e viver por ela?

9

A PROMESSA DE DEUS É UMA REALIDADE

Pois [Deus] estabeleceu comigo uma aliança
eterna, em tudo bem definida e segura.
2Samuel 23:5

É CERTAMENTE maravilhoso que o Deus eterno faça promessas a suas próprias criaturas. Antes de empenhar sua palavra, Ele era livre para fazer o que quisesse; mas depois de ter feito uma promessa, sua verdade e honra o obrigam a cumprir o que Ele disse. Para Ele, de fato, isso não é um limite à sua liberdade, pois a promessa é sempre a declaração de sua vontade soberana e seu bom propósito, e é sempre seu prazer agir de acordo com sua palavra. No entanto, é uma maravilhosa condescendência para o espírito livre do Senhor formar para si laços de aliança. E Ele o fez. O Senhor estabeleceu um pacto de graça com os homens, no qual confirmou suas promessas, não apenas empenhando sua palavra, mas prestando um juramento: "para que, mediante duas coisas imutáveis, que já corremos para o refúgio, a fim de lançar mão da esperança proposta" (Hebreus 6:18).

Nesse pacto há muitas e preciosas promessas, todas confirmadas em Cristo Jesus, e estabelecidas para sempre sobre o fundamento da veracidade divina. Esta é nossa esperança, como o próprio Paulo escreveu a Tito: "Na esperança da vida eterna que o Deus que não pode mentir prometeu antes dos tempos eternos" (Tito 1:2).

Deus prometeu, e sobre a fidelidade dessa promessa construímos nossa confiança para o tempo e a eternidade. Não nos parece imprudente descansar a salvação de nossa alma sobre a promessa de nosso fiel Criador. Para nos ajudar a confiar assim, as promessas não foram apenas proferidas, mas também escritas. Os homens dizem que gostam de ter um "acordo preto no branco", e nós o temos neste caso. "No rolo do livro está *escrito...*" (Hebreus 10:7; confira também Mateus 4:4). O registro encontra-se nas páginas inspiradas; e como acreditamos na Bíblia, somos obrigados a confiar nas promessas contidas nela.

Para muitas pessoas, é motivo de extrema fraqueza que não tratem as promessas de Deus como realidades. Se um amigo lhes faz uma promessa, elas a consideram como algo substancial, e procuram aquilo que ela assegura; mas as declarações de Deus são muitas vezes vistas como um punhado de palavras que significam muito pouco. Isso é muito desonroso para o Senhor, e muito prejudicial para nós mesmos. Esteja certo de que o Senhor nunca brinca com as palavras: "Porventura, tendo Ele prometido, não o fará? Ou, tendo palavras: "Porventura, tendo Ele prometido, não o fará? Ou, tendo falado, não o cumprirá?" (Números 23:19). Suas promessas são sempre cumpridas. Davi declarou acerca das promessas do Senhor: "Pois [Deus] estabeleceu comigo uma aliança eterna, em tudo bem definida e segura" (2Samuel 23:5). Deus fala deliberadamente, na devida ordem e determinação, e podemos confiar que suas palavras são seguras e serão cumpridas com a mesma certeza com que são pronunciadas. Alguém que tenha confiado no Senhor foi confundido? Pode ser encontrado um exemplo em que nosso Deus tenha sido falso à sua palavra? Os tempos não podem produzir uma única prova de que qualquer promessa feita pelo Senhor tenha voltado atrás em relação àquilo que Ele declarou.

Admiramos a fidelidade nas pessoas, e não podemos imaginar que ela esteja ausente do caráter de Deus; portanto, podemos contar com segurança que Ele seja tão bom quanto sua palavra. Afirma-se que quando Blucher[5] estava marchando para ajudar o Duque de Wellington[6] em Waterloo, suas tropas vacilaram. "Isso não pode ser feito", disseram eles. "Deve ser feito", foi sua resposta. "Eu prometi estar lá. Está prometido, vocês estão ouvindo? Vocês não querem que eu quebre minha palavra." Ele estava em Waterloo com um bom

---

[5] Gebhard Leberecht von Blücher (1742-1819), príncipe de Wahlstatt, foi um marechal de campo prussiano que liderou seu exército contra as forças de Napoleão na Batalha das Nações em 1813 e na Batalha de Waterloo em 1815.

[6] Arthur Colley Wellesley (1769-1862) foi um marechal e político britânico, primeiro-ministro do Reino Unido por duas vezes e o primeiro Duque de Wellington.

Louvamos tal fidelidade; devemos pensar de menos em alguém que não a exibiu. Será que o Senhor Deus todo-poderoso falhará em sua promessa? Não, Ele moverá o céu e a terra, e sacudirá o universo, em vez de estar de mãos atadas com sua palavra. Ele parece dizer: "Deve ser feito. Eu prometi, e está prometido, vocês estão ouvindo?" Antes que pensassem que sua promessa não pudesse falhar, Ele não poupou seu próprio Filho. Melhor Jesus morrer do que a palavra do Senhor ser quebrada. Repito, e pode ter certeza disto: o que o Senhor afirma é exatamente o Ele quer dizer, e fará valer cada sílaba proferida. No entanto, ninguém, exceto a semente escolhida, crerá nele. Leitor, você crerá?

Deus é sempre verdadeiro, não importa quem esteja equivocado a esse respeito. Se toda a verdade no mundo inteiro pudesse ser reunida, seria apenas como uma gota no balde em comparação com a veracidade de Deus. A veracidade do mais justo dos homens é a própria vaidade comparada com a verdade segura de Deus. A fidelidade do mais reto dos homens é como um vapor, mas a fidelidade de Deus é como uma rocha. Se confiamos nos homens bons, devemos confiar infinitamente mais no Bom Deus. Por que parece uma coisa singular descansar na promessa de Deus?

Para muitos, tudo isso se parece, de alguma forma, como algo fantasioso, sentimental, místico; e ainda assim, se observarmos com serenidade, é a coisa mais importante que pode existir. Deus é real; tudo o mais é irreal. Ele está certo; tudo o mais é questionável. Ele deve manter sua palavra, pois esta é uma necessidade absoluta. De deve manter sua palavra, pois esta é uma necessidade absoluta. De que outra forma Ele poderia ser Deus? Acreditar que Deus deve ser um ato da mente que não precisa de esforço. Mesmo que dificuldades pudessem ser propostas, o simples e puro de coração deveria dizer espontaneamente: "Seja Deus verdadeiro, e mentiroso, todo homem" (Romanos 3:4). Conceder a Deus menos do que uma fé implícita é roubar-lhe uma honra justamente devido à sua santidade imaculada.

Nosso dever para com Deus exige que aceitemos sua promessa, e que ajamos de acordo com ela. Toda pessoa honesta merece um crédito, quanto mais o Deus da verdade o merece. Devemos tratar a promessa como sendo em si a substância da coisa prometida, assim como olhamos um cheque ou uma nota promissória como um pagamento real. As promessas de pagamento são passadas de mão em mão nos negócios diários, como se fossem dinheiro corrente do comerciante; e as promessas de Deus devem ser vistas sob a mesma ótica. Acreditemos que temos as petições que lhe pedimos. Ele nos garante isso, e promete recompensar tal fé.

Consideremos a promessa como um elemento tão incontestável e seguro que a cumprimos, e façamos dela o componente principal em todos os nossos cálculos. O Senhor promete vida eterna àqueles que creem em Jesus; portanto, se realmente cremos em Jesus, vamos concluir que temos a vida eterna, e nos regozijamos com esse tão grande privilégio. A promessa de Deus é nosso melhor terreno seguro; é muito mais segura do que sonhos e visões, e revelações de alegria ou de tristeza. Está escrito: "Quem ouve a minha palavra e crê naquele que me enviou tem a vida eterna, *não entra em juízo, mas passou da morte para a vida*" (João 5:24; veja também João 3:18 e Romanos 8:1). Eu creio em Jesus; portanto, não estou condenado, não entro em juízo. Esse é um excelente raciocínio, e a conclusão é segura. Se Deus o disse, é exatamente assim, sem sombra de dúvida. Nada pode ser mais certo do que aquilo que é declarado pelo próprio Deus; nada mais certo de acontecer do que aquilo que Ele garantiu por sua própria mão e seu próprio selo.

Quando uma alma está sob a convicção da palavra de Deus, ela percebe as ameaças do Senhor com uma intensidade de fé que é muito perceptível, uma vez que sua fé atemorizada gera no coração um temor e uma consternação avassaladores. Por que a promessa não deveria ser aceita com uma compreensão semelhante? Por que não deve ser aceita com a mesma certeza? Se for aceito como verdade na consciência que aquele que não crê será condenado, poderá ser aceito com igual certeza que aquele que crê e é batizado será salvo, já que este último é tanto parte da Palavra de Deus quanto a primeira. A tendência da mente despertada é se inclinar para o lado sombrio da Palavra de Deus e sentir toda a força dela, e ao mesmo tempo negligenciar a parte mais brilhante do registro, e lançar uma dúvida sobre ela, como se ela fosse boa demais para ser verdadeira. Isso é loucura! Toda bênção é boa demais para recebermos se a medirmos por nossa indignidade; mas nenhuma bênção é boa demais para Deus outorgar se a julgarmos por sua excelência demais para Deus outorgar se a julgarmos por sua excelência insuperável. É da natureza do Deus de amor proporcionar bênçãos sem limites. Se Alexandre, o Grande, presentou na condição de rei, não presenteará o Senhor sendo Ele Deus?

Às vezes ouvimos pessoas dizerem: "Tão certo quanto a morte"; sugerimos que possamos dizer: "Tão certo quanto a vida". Coisas graciosas são tão seguras como "tremendos feitos [...] em [...] justiça". "Porque Deus amou ao mundo de tal maneira que deu o seu Filho unigênito, *para que todo o que nele crê não pereça, mas tenha a vida eterna*" (João 3:16). Deve ser assim, pois a Palavra de Deus o disse, e não pode haver engano sobre isso.

Sim, o Senhor é verdadeiro em tudo aquilo que Ele declara. Ele nunca faz chacota das pessoas com palavras estéreis e sons vazios. Por que Ele deveria enganar suas criaturas e pedir-lhes uma confiança estéril? O Senhor pode ir além de sua palavra ao dar mais do que se pensa, mas Ele nunca pode ficar aquém dela. Podemos interpretar suas promessas na escala mais generosa. Ele nunca fica aquém da maior interpretação que a expectativa pode dar à promessa. A fé nunca superou a generosidade do Senhor. Abracemos a promessa e nos regozijemos de que ela é algo concreto, e não uma miragem. Alegremo-nos agora mesmo por ela ser a realidade do que aguardamos.

10

O TESOURO PECULIAR DOS QUE CREEM

Bendito o Deus e Pai de nosso Senhor Jesus Cristo, que, segundo a sua muita misericórdia, nos regenerou para uma viva esperança, mediante a ressurreição de Jesus Cristo dentre os mortos, para uma herança incorruptível, sem mácula, imarcescível, reservada nos céus para vós outros.

1Pedro 1:3-4

AS PROMESSAS de Deus são o tesouro peculiar dos que creem — a substância da herança da fé está neles. Todas as promessas de nossa aliança com Deus são nossas para ter e manter como nossa posse pessoal. Nós as recebemos e as abraçamos pela fé, e elas constituem nossa verdadeira riqueza. Temos certas coisas muito preciosas para desfrutar realmente neste momento; mas o capital de nossa riqueza, a maior parte de nosso patrimônio está na promessa de nosso Deus. O que temos em mãos é apenas um centavo do imensurável salário de graça que nos deve ser pago no tempo devido.

Mesmo agora, o Senhor nos dá graciosamente todas as coisas necessárias para esta vida piedosa; mas suas bênçãos mais preciosas estão reservadas para o tempo vindouro.

A graça que Ele nos concede dia a dia é o nosso sustento para as despesas de viagem no caminho de volta para casa, mas não constitui o nosso patrimônio. Os suprimentos providenciais são as porções próprias para a jornada, mas não é o banquete final do amor. Podemos perder essas refeições ao longo do caminho, mas estamos destinados à ceia das bodas do Cordeiro (Apocalipse 19:9).

Os ladrões podem roubar o dinheiro que temos em mãos, mas nosso tesouro peculiar está escondido com Cristo em Deus, e não existe temor de perdê-lo. A mão que sangrou para nos dar a posse desse tesouro está guardando-o para nós.

É uma grande alegria ter a plena certeza da nossa participação nas promessas, mas podemos perder esse sentimento de alegria, e podemos ter dificuldade em consegui-lo novamente, e, ainda assim, a herança eterna continuará verdadeiramente nossa. É como se uma pessoa tivesse em mãos uma cópia fiel de seus títulos de propriedade e se deleitasse muito em lê-la até que, por algum infortúnio, sua cópia seja roubada ou extraviada. A perda de seus documentos não é a perda de seus direitos. A aprazível leitura do título de propriedade foi descontinuada, mas a reivindicação de seus bens não foi comprometida. A promessa do pacto está vinculada a cada co-herdeiro com Cristo, e não existe tal coisa como a quebra dessa obrigação. Muitos acontecimentos podem ter a tendência de abalar o sentimento de segurança do crente, mas a promessa é "firme [...] para toda a descendência" (Romanos 4:16). Nosso maior bem não está em nenhum conforto ou confiança presente que recebemos da promessa, mas na própria promessa, e na herança gloriosa que ela nos assegura. Nossa herança não se encontra desse lado do Jordão. Nossa cidade de morada não está dentro das fronteiras do presente; nós a vemos de longe, mas esperamos por seu pleno usufruto naquele dia ilustre em que o Cabeça da aliança será revelado em sua glória, e todo o seu povo estará com Ele. A providência de Deus é nosso provento terreno, mas a promessa de Deus é nossa herança celestial.

Já lhe ocorreu perguntar por que a maneira de Deus lidar com seus escolhidos deve ser através de promessas? Ele poderia ter concedido suas bênçãos de uma só vez, e sem nos dar a conhecer sua intenção. Dessa forma, Ele teria evitado a necessidade de um pacto a respeito delas. Não havia necessidade na natureza das coisas para esse plano de promessas. O Senhor poderia ter-nos dado todas as misericórdias de que precisávamos sem se comprometer a fazer tal empreendimento. Deus, com sua grande força de vontade e firmeza de propósito, poderia ter secretamente resolvido em si mesmo fazer tudo o que faz aos crentes sem tê-los feito confidentes de seus divinos desígnios. Ele manteve muitos decretos ocultos antes da fundação do mundo; por que, então, Ele revelou seus propósitos de bênção? Por que suas tratativas com seu povo desde o portão do Éden até agora têm sido baseadas em promessas expressas publicamente?

Será que a pergunta não responde por si mesma? Em primeiro lugar, não poderíamos ter sido crentes se não houvesse uma promessa na qual acreditar. Para que o método de salvação fosse pela fé, deveria ser feita uma promessa sobre a qual a fé pudesse ser exercida. O plano de salvação pela fé foi o designado porque é mais adequado ao princípio da graça, e isso envolve a concessão de promessas, a fim de que a fé pudesse ter tanto alimento quanto fundamento. A fé sem uma promessa seria como um pé sem base para se apoiar; e tal fé, se ela assim ainda pudesse ser chamada, seria indigna do plano da graça. Sendo a fé escolhida como o grande mandamento evangélico, a promessa torna-se uma parte essencial da dispensação do evangelho.

Além disso, é um pensamento fascinante que nosso bom Deus, intencionalmente, nos dá promessas de coisas boas para que possamos apreciá-las duas vezes: primeiro, pela fé, e depois pelo usufruto. Ele dá duas vezes, e o faz por promessa; e nós também recebemos duas vezes ao abraçarmos a promessa pela fé. O tempo para o cumprimento de muitas promessas não é de imediato; mas pela fé realizamos a promessa, e o prenúncio da bênção esperada enche nossa alma com o benefício muito antes de ela realmente se concretizar. Temos um exemplo disso em grande escala nos fiéis do Antigo Testamento. A grande promessa da semente na qual as nações deveriam ser abençoadas era o terreno da fé, o fundamento da esperança e a causa da salvação para milhares de crentes antes que o Filho de Deus realmente aparecesse entre os seres humanos. Nosso Senhor não disse: "Abraão, vosso pai, alegrou-se por ver o meu dia, viu-o e regozijou-se"? (João 8:56). O grande pai dos fiéis viu o dia de Cristo através do telescópio da promessa de Deus, pelo olho da fé; e embora Abraão não tenha obtido o cumprimento dessa promessa — pois adormeceu antes da vinda do Senhor, assim como Isaque e Jacó, e muitos outros fiéis -, ainda assim ele tinha Cristo em quem confiar, Cristo em quem se alegrar e Cristo para amar e servir. Antes de nascer em Belém, ou ser sacrificado no Calvário, Jesus era realmente visto pelos fiéis a ponto de deixá-los felizes. A promessa lhes deu um Salvador antes que o Salvador realmente aparecesse. O mesmo se dá conosco neste momento: por meio da promessa, entramos em posse de coisas ainda não vistas. Por antecipação, tornamos a bênção vindoura presente para nós. A fé elimina o tempo, aniquila a distância e traz de imediato a posse das coisas futuras. O Senhor ainda não nos concedeu o momento de nos unirmos aos aleluias do céu; ainda não passamos pelas portas de pérola, nem pisamos as ruas de ouro transparente (Apocalipse 21:21); mas a promessa de tal felicidade ilumina a escuridão de nossa aflição e nos dá imediata antecipação da glória. Triunfamos pela fé antes que nossas mãos realmente agarrem as palmas (Apocalipse 7:9). Nós reinamos com Cristo pela fé antes que nossa cabeça seja circundada por nossas coroas imperecíveis. Muitas e muitas vezes temos visto o amanhecer do céu enquanto vemos a luz romper a promessa. Quando a fé foi vigorosa, subimos onde Moisés estava e contemplamos a terra que mana leite e mel; e então, quando o ateu declarou que não há

72 FILHOS DA PROMESSA

Cidade Celestial, respondemos: "Não o vimos nas montanhas das Delícias"?[7] Vimos o suficiente por meio da promessa para nos certificarmos da glória que o Senhor preparou para aqueles que o amam (1Coríntios 2:9); e assim obtivemos nosso primeiro antegozo da bem-aventurança prometida, e encontramos nele um penhor seguro de nosso pleno e final desfrute dela.

Você não acha que a promessa também tem a intenção de nos afastar constantemente das coisas que são vistas, conduzindo-nos para frente e para cima, para o espiritual e o invisível? Quem vive da promessa de Deus subiu em uma atmosfera bem diferente daquela que nos oprime nestes vales baixos da vida cotidiana. "Melhor é buscar refúgio no Senhor do que confiar no homem. Melhor é buscar refúgio no Senhor do que confiar em príncipes" (Salmos 118:8-9). E assim é, de fato, pois é mais espiritual, mais nobre, mais inspirador. Precisamos ser elevados a esta confiança elevada pelo poder divino; pois nossa alma se apega naturalmente ao pó. Ai de nós! Somos prejudicados por nosso desejo idólatra de ver, tocar e manusear; confiamos em nossos sentidos, mas não temos senso suficiente para confiar em nosso Deus. O mesmo espírito que levou Israel a clamar no deserto: "Levanta-te, faze-nos deuses que vão adiante de nós" (Êxodo 32:1), leva-nos a suspirar por algo tangível de carne e osso, no qual nossa confiança pode se firmar. Temos fome de provas, sinais e evidências, e não aceitaremos a promessa divina

---

[7] Expressão extraída do capítulo 16 do livro *O peregrino*, de John Bunyan (1628-1688).

como melhor e mais segura do que todos os sinais visíveis. Assim, nos enfraquecemos em razão da fome por sinais e evidências que são visíveis, até sermos levados a tentar as coisas melhores e mais seguras que são invisíveis. Oh, é algo abençoado a um filho de Deus deixar para trás a areia das coisas temporais e caminhar na rocha das coisas eternas, ao ser chamado a andar pela regra da promessa!

Além disso, as promessas são um auxílio da parte do Senhor para o nosso coração. O filho de Deus, quando acredita na promessa, é levado a perceber que Deus "existe e que se torna galardoador dos que o buscam" (Hebreus 11:6). Nossa tendência é fugir de um Deus real. Vivemos e nos movemos na região do materialismo, e estamos aptos a nos deixar cativar por suas influências. Percebemos a realidade do corpo quando temos dor nele, e percebemos este mundo como real quando sentimos o peso da cruz que carregamos; ainda assim, o corpo é uma tenda fraca, e o mundo uma mera bolha. Estas coisas visíveis são insubstanciais, mas nos parecem tristemente sólidas; o que precisamos é saber que o invisível é tão real quanto o visível, e ainda mais. Precisamos de um Deus vivo neste mundo moribundo, e devemos tê-lo verdadeiramente perto de nós, ou estaremos perdidos. O Senhor está treinando seu povo para perceber a sua presença; a promessa faz parte desse processo educativo.

Quando o Senhor nos outorga a fé, e descansamos sobre sua promessa, então somos colocados frente a frente com Ele. Perguntamos: "Quem fez essa promessa? Quem deve cumprir essa promessa?", e nossos pensamentos são assim levados à presença do glorioso Deus. Sentimos como Ele é necessário para todo o sistema de nossa vida espiritual; e como Ele realmente se insere nele, para que nele vivamos, nos movamos e tenhamos nossa existência (Atos 17:28). Se a promessa nos alegra, é porque tão somente Deus está por atrás dela; pois as simples palavras da promessa não são nada para nós, exceto porque vêm dos lábios de Deus, que não pode mentir (Hebreus 6:18), e exceto porque são produzidas por aquela mão que não pode falhar. A promessa é a previsão do propósito divino, a sombra da bênção vindoura; na verdade, é o sinal da própria proximidade de Deus conosco.

Fomos moldados por Deus a fim de cumprir os seus propósitos, e essa é uma de suas razões para Ele lidar conosco segundo o método da promessa. Talvez se o Senhor tivesse lançado suas misericórdias à nossa porta sem uma dica prévia de sua vinda, nós não deveríamos ter nos importado em saber de onde elas vieram. Se Ele as tivesse enviado com regularidade ininterrupta, mesmo quando Ele faz seu sol nascer todas as manhãs, poderíamos tê-las desprezado como resultado comum das leis naturais, e assim teríamos nos esquecido de Deus por causa da pontualidade de sua providência. Certamente não teríamos aquela grande experiência do ser e da bondade amorosa de Deus que agora recebemos ao lermos a promessa, ao aceitá-la pela fé, ao suplicá-la em oração e, no devido tempo, vê-la cumprida.

Essa constância da generosidade divina, que deve sustentar e aumentar a fé, é muitas vezes o meio de enfraquecê-la. Aquele cujo pão chega até ele por uma iniciativa governamental ou recebe algum auxílio moradia é tentado a esquecer que Deus tem alguma intervenção nisso. Não deveria ser assim; mas, em razão da dureza do nosso coração, tal resultado danoso decorre frequentemente da constância de uma providência graciosa.

Talvez eu não devesse me perguntar se aqueles israelitas que nasceram no deserto e que recolhiam o maná todas as manhãs durante anos também haviam deixado de se admirar por ele ou de ver a mão do Senhor naquele acontecimento. Que vergonhosa estupidez! Ah, mas como isso é comum! Muitas pessoas viveram da ajuda alheia e viram a mão do Senhor na dádiva de cada pedaço de pão; por fim, devido à bondade de Deus, elas prosperaram neste mundo e obtiveram uma renda regular, que receberam sem preocupação e sem problemas, e logo chegaram a olhar para a prosperidade como o resultado natural de seu próprio esforço, e não louvaram mais a bondade amorosa do Senhor. Viver sem a presença consciente do Senhor é uma situação terrível. Suprido, mas não por Deus! Sustentado sem a mão de Deus! Era melhor ser pobre, ou doente, ou exilado, e assim ser levado a se aproximar de nosso Pai celestial.

Para evitar que nos deixemos cair na maldição de nos esquecermos de Deus, o Senhor tem o prazer de dispor suas bênçãos mais seletas em vínculo com suas próprias promessas, e de despertar nossa fé em referência a elas. Ele não permitirá que suas misericórdias se tornem véus para esconder seu rosto dos olhos de nosso amor; mas Ele faz delas janelas através das quais Ele nos observa. O Prometedor é visto na promessa, e nós observamos para ver sua mão no desempenho; assim somos salvos daquele ateísmo natural que se esconde no coração do homem.

Creio que seja benéfico repetir que somos postos sob o regime da promessa para que possamos crescer na fé. Como poderia haver fé sem promessa? Como pode haver fé crescente sem que se compreendesse cada vez mais a promessa? Na hora da necessidade, devemos lembrar daquilo que Deus disse: "Invoca-me no dia da angústia; eu te livrarei" (Salmos 50:15). A fé crê nessa palavra, invoca a Deus e entrega-se a Ele; assim, ela se fortalece e é feita para glorificar o Senhor.

Às vezes a fé não encontra a promessa cumprida no momento; mas ela tem de esperar um pouco. Esse é um bom exercício para ela, e serve para testar sua sinceridade e força; esse teste traz segurança ao crente e o enche de conforto. Gradativamente, uma oração é respondida, a bênção prometida é concedida, a fé é coroada de vitória e a glória é dada a Deus; mas, enquanto isso, a demora produziu a paciência da esperança e fez com que toda a misericórdia tivesse um duplo valor. As promessas oferecem um campo de treinamento para a fé; são varas e barras de salto para o exercício atlético de nossa jovem fé, cujo uso se torna tão forte que pode desbaratar exércitos e saltar muralhas (Salmos 18:29). Quando nossa confiança em Deus é firme, rimos da impossibilidade e gritamos: "Isso é possível"; mas isto não seria possível se não houvesse uma promessa infalível com a qual a fé pudesse cingir-se.

Essas promessas que ainda não foram cumpridas são preciosas ajudas para o nosso progresso na vida espiritual. Sentimo-nos encorajados por grandes e preciosas promessas para aspirar a coisas mais elevadas. A perspectiva de coisas boas que virão nos fortalece para perseverar e avançar. Você e eu somos como crianças pequenas que estão aprendendo a andar e são induzidas a dar um passo de cada vez por uma maçã que lhes é oferecida. Somos persuadidos a testar as pernas trêmulas de nossa fé pela visão de uma promessa. Assim somos atraídos a dar um passo mais próximo em direção a nosso Deus. O criancinha é bastante propensa a se agarrar a uma cadeira; é difícil conseguir que ela abandone tudo e se aventure sobre os próprios pés; mas, por fim, torna-se ousada o suficiente para uma pequena viagem, que termina nos joelhos de sua mãe. Essa pequena aventura leva a outra e outra, até que ela corre sozinha. A maçã desempenha um grande papel no treinamento do bebê, assim como a promessa na educação da fé. Promessa após promessa que recebemos até agora leva-nos a confiar e podemos desistir de rastejar sobre a terra e apegar-nos às coisas que descansam sobre ela, e podemos nos comprometer com a caminhada da fé.

A promessa é um instrumento necessário para a educação de nossa alma em todo tipo de graça e ações espirituais. Quantas vezes eu disse: "Meu Senhor, recebi muito de ti; bendito seja teu nome por isso; mas ainda há mais uma promessa da qual eu não desfrutei; por isso, irei adiante até que ela se realize! O futuro é um país desconhecido, mas entro nele com tua promessa, e espero encontrar nele a mesma bondade e misericórdia que me seguiram até agora; sim, busco coisas maiores do que estas".

Também não posso me esquecer de lembrá-lo de que a promessa faz parte da conjuntura de nossa condição espiritual aqui embaixo, porque nos incentiva a orar. O que é a oração, senão a promessa suplicada? Uma promessa é, por assim dizer, a matéria-prima da oração. A oração rega os campos da vida com as águas que estão armazenadas nos reservatórios da promessa. A promessa é o poder da oração. Vamos a Deus e lhe dizemos: "Cumpre o que disseste. Ó Senhor, aqui está tua palavra; nós te rogamos que a cumpras". Assim, a promessa é o arco pelo qual atiramos as flechas da súplica.

Em tempos de dificuldade, gosto de encontrar uma promessa que se ajuste exatamente à minha necessidade, e depois colocar meu dedo sobre ela, e dizer: "Senhor, esta é tua palavra; suplico-te que proves que assim o é, cumprindo-a em meu caso. Creio que esta é a tua própria escrita; e peço-te que faças o que seja bom para a minha fé".

Acredito na *inspiração plenária* da Bíblia, ou seja, cada palavra da Escritura nos é dada por Deus e é inspirada por Ele, e humildemente espero que o Senhor cumpra de forma plenária todas as promessas que Ele tenha assentado por escrito. Tenho o prazer de pleitear junto ao Senhor usando as próprias palavras que Ele usou e de esperar que Ele faça o que disse, porque Ele o disse. É algo grandioso ser levado à oração por necessidade; mas é melhor ser atraído pela expectativa que a promessa desperta. Devemos orar se Deus não providenciou para nós uma razão para orar, e depois nos encorajou com promessas graciosas de uma resposta? Sendo assim, na ordem da providência, somos provados, e depois provamos as promessas; somos levados à fome espiritual, e depois somos alimentados com a palavra que sai da boca de Deus (Mateus 4:4).

Pelo método que o Senhor segue com seus escolhidos, somos mantidos em constante relacionamento com Ele, e não nos é permitido esquecer de nosso Pai celestial. Muitas vezes estamos no trono da graça, louvado a Deus pelas promessas cumpridas e suplicando promessas nas quais confiamos. Fazemos inúmeras visitas à morada divina, porque há uma promessa para implorar e um Deus esperando para ser gracioso. Esta não é uma ordem de coisas pelas quais devemos ser gratos? Não devemos engrandecer ao Senhor, não só para que Ele derrame sobre nós chuvas de bênçãos prometidas, mas também para que aumente o valor de seus benefícios, tornando-os temas de suas promessas e objetos de nossa fé?

11

A AVALIAÇÃO DAS PROMESSAS

Pelas quais nos têm sido doadas as suas
preciosas e mui grandes promessas.
2Pedro 1:4

PENSAMOS nas promessas como nosso tesouro. É hora de fazermos uma pesquisa sobre elas e calcularmos seu valor. Já que as promessas são nosso patrimônio, formemos uma estimativa correta de nossa riqueza; é possível que não saibamos totalmente o quanto somos ricos. Será uma pena que a ignorância de nossa grande propriedade nos leve à pobreza. Que o Espírito Santo nos ajude a formar uma avaliação correta das riquezas de graça e glória reservadas para nós no pacto da promessa!

O apóstolo Pedro fala das promessas como sendo "preciosas e mui grandes". De fato, elas excedem todas as coisas com as quais podem ser comparadas. Ninguém jamais fez promessas como Deus. Reis prometeram dar até mesmo metade de seu reino. Mas cumpriram sua promessa? Deus prometeu dar seu próprio Filho,

82　Filhos da promessa

e até mesmo seu próprio Eu, a seu povo; e Ele o fez. Os governantes traçam uma linha demarcatória em algum ponto, mas o Senhor não estabelece limites para os dons que Ele determina para seus escolhidos.

As promessas de Deus não apenas excedem todos os precedentes, mas também excedem todas as imitações. Mesmo tendo o próprio Deus como modelo de liberalidade, ninguém foi capaz de competir com Ele nessa linguagem. As promessas do Altíssimo estão tão acima de todas as outras promessas quanto os céus estão acima da terra.

Elas também excedem todas as expectativas. Deus faz por nós "infinitamente mais do que tudo quanto pedimos ou pensamos, conforme o seu poder que opera em nós" (Efésios 3:20). Ninguém poderia imaginar que o Senhor teria feito tais promessas como Ele as fez; elas superam tudo o que poderíamos sonhar. Mesmo as esperanças mais jubilosas são deixadas bem lá para trás, e os pensamentos mais sublimes são superados. A Bíblia deve ser verdadeira, pois ela não poderia ter sido inventada. As promessas nela contidas são maiores em quantidade e melhores em qualidade do que a pessoa mais esperançosa poderia almejar. Deus nos surpreende com a plenitude insuperável de suas palavras de ânimo. Ele derrama sobre nós tantas bênçãos que, como Davi, nos sentamos maravilhados e bradamos: "São muitas, Senhor, Deus meu, as maravilhas que tens operado e também os teus desígnios para conosco; ninguém há que se possa igualar contigo. Eu quisera anunciá-los e deles falar, mas são mais do que se pode contar" (Salmos 40:5).

As promessas excedem todas as medidas. Há nelas um abismo de profundidade quanto ao significado, um céu de altura quanto à excelência e um oceano de largura quanto à duração. Podemos dizer de cada promessa: "É sobremodo [elevada], não [a] posso atingir" (Salmos 139:6). Como um todo, as promessas exibem a plenitude e a suficiência de Deus; como o próprio Deus, elas preenchem todas as coisas. Sem limites em seu alcance, elas estão em toda parte sobre nós, quer estejamos acordados ou dormindo, quer saiamos ou retornemos. Elas cobrem toda a vida, desde o berço até o túmulo. Uma espécie de onipresença pode ser atribuída a elas; pois elas nos cercam em todos os lugares e em todos os momentos. Elas são nosso travesseiro quando adormecemos, e ainda estão conosco quando acordamos. "Que preciosos para mim, ó Deus, são os teus pensamentos! E como é grande a soma deles!" (Salmos 139:17). Elas excedem toda concepção e todo cômputo; nós as admiramos e adoramos o seu Doador, mas nunca podemos medi-las.

As promessas excedem até mesmo toda a experiência. Aquelas pessoas que são de Deus e que o conhecem há cinquenta ou sessenta anos ainda nunca extraíram a medula inteira de sua promessa. Ainda assim, pode-se dizer que "as flechas estão para lá de ti" (1Samuel 20:22). Coisas melhores e mais profundas ainda precisam ser pesquisadas no futuro. Aquele que, pela experiência, mergulha mais intensamente nas profundezas das promessas divinas está plenamente consciente de que ainda há uma profundidade acentuada insondável de graça e amor. A promessa é mais longa que a vida, mais ampla que o pecado, mais profunda que a sepultura e mais alta que as nuvens. Aquele que mais conhece o livro dourado da promessa ainda é um novato em seu estudo; até mesmo os antigos israelitas achavam que esse livro ultrapassava o conhecimento.

Certamente, não preciso dizer que as promessas excedem todo linguajar. Se todas as línguas dos homens e dos anjos me fossem dadas, eu não poderia dizer quão grandes são as promessas de Deus. Elas excedem não apenas uma língua, mas todas as línguas; superam os elogios empolgados de todos os entusiastas que já se expressaram. Mesmo os anjos diante do trono de Deus ainda "anelam perscrutar" essas maravilhas (1Pedro 1:12), pois ainda não conseguem alcançar o comprimento, a largura e a altura desse mistério. Em Cristo Jesus, tudo excede a descrição; e as promessas nele exaurem a força de toda fala, humana ou divina. Para mim, é inútil tentar o impossível.

Pedro declara que as promessas são "mui grandes", e ele sabia muito bem disso. Elas vêm de um grande Deus, asseguram-nos de um grande amor, alcançam grandes pecadores, operam grandes resultados em nós e lidam com grandes questões. Elas são tão grandes quanto a própria grandeza; elas nos trazem o grande Deus, a fim de que Ele seja o nosso Deus para todo o sempre. A primeira promessa de Deus foi aquela em que Ele se comprometeu a nos dar seu Filho. Costumamos dizer: "Graças a Deus pelo seu dom inefável!" (2Coríntios 9:15), mas não deixemos as palavras deslizarem muito facilmente sobre a língua. Para Deus, dar seu Filho Unigênito está além de toda concepção; trata-se de um grande ato de amor. De fato, "grande" parece uma palavra muito pequena para descrever tal milagre de amor. Depois que o Senhor deu seu Filho, entregando-o livremente por todos nós — o que viria em seguida? Ele prometeu dar o Espírito Santo, o Consolador, para permanecer conosco para sempre (João 14:16-27). Podemos medir o valor dessa grande promessa? O Espírito Santo desceu em Pentecostes, em cumprimento daquela antiga profecia (Atos 2; Joel 2:28-32); aquela maravilhosa descida não foi um dom precioso e mui grande? Lembre-se de que o Espírito Santo opera em nós todas aquelas graças que nos preparam para a comunidade do céu. Glória a Deus por essa visitação de graça sem limites!

E qual seria a promessa a seguir? Nosso Senhor nos deu agora a promessa de que Ele "aparecerá segunda vez, sem pecado, aos que o aguardam para a salvação" (Hebreus 9:28). Será que todos os santos podem medir plenamente a grandeza da promessa do Segundo Advento? Isto significa uma felicidade infinita para os santos.

O que mais Ele prometeu? Ele prometeu que viveremos porque Ele vive (João 14:19); que nossa alma deleitar-se-á de uma imortalidade bem-aventurada; além disso, nosso corpo desfrutará da ressurreição (1Coríntios 15:53-54); reinaremos com Cristo (2Timóteo 2:12; Apocalipse 3:21; 5:10); seremos glorificados à sua mão direita (Romanos 8:17).

Promessas cumpridas e promessas ainda a se cumprir; promessas para o tempo e promessas para a eternidade — elas são de fato tão grandes que é impossível conceber que sejam maiores.

Que mais pode Ele dizer a vós do que já disse?

A vós, que fugistes do refúgio, que é Jesus.

Você, cuja mente está treinada para ter pensamentos sublimes, me dê sua avaliação destas fiéis promessas:

Eu vejo a promessa de perdão do pecado (1João 1:9). Ó perdoados, declarem a grandeza dessa bênção!

Há a promessa da adoção (Efésios 1:5). Filhos de Deus, comecem a tomar conhecimento do tipo de amor que o Pai lhes concedeu. Proclamem a sua alegria!

Há a promessa de ajuda em todos os momentos de necessidade (Hebreus 4:16). Vocês, que passaram por provações, bem sabem como o Senhor sustenta e liberta seus escolhidos. Proclamem a grandeza de sua graça!

Há a promessa de que "como os teus dias, durará a tua paz" (Deuteronômio 33:25), isto é, "você ficará seguro todos os seus dias". Vocês que estão trabalhando arduamente por Cristo, ou carregando sua cruz de dia para dia, sintam como é "mui grande" essa promessa de apoio seguro.

Como você classificaria estas palavras: "O Senhor dá graça e glória; nenhum bem sonega aos que andam retamente" (Salmos

84:11)? E esta frase: "Sabemos que todas as coisas cooperam para o bem daqueles que amam a Deus, daqueles que são chamados segundo o seu propósito" (Romanos 8:28)! Quem pode medir a amplitude de uma garantia tão graciosa? Não, você não precisa tirar uma fita métrica do seu bolso; ela não terá serventia para você aqui. Se você pudesse tomar a distância de uma estrela fixa como base, todos os cálculos ainda seriam impossíveis. Todas os medidores usados para mensurar as propriedades dos ricos são inúteis aqui. Um certo milionário se vangloriava de que sua propriedade alcançava de mar a mar; mas nenhum oceano pode limitar os bens que nos são assegurados pela promessa de nosso Deus fiel. O tema é tão grandioso que excede meu poder de expressão e, portanto, eu me rendo.

O versículo sobre o qual estamos meditando agora fala de "preciosas e mui grandes promessas". Grandeza e preciosidade raramente andam juntas; mas, nesse caso, elas estão unidas em grau elevado. Quando o Senhor abre a boca para fazer uma promessa, com certeza é algo digno dele — Ele fala palavras de poder e riqueza superabundantes.

Em vez de tentar falar doutrinariamente da preciosidade das promessas, vou me apoiar na experiência daqueles que as experimentaram e provaram.

Amados, como as promessas são preciosas para os pobres e necessitados! Aqueles que conhecem sua pobreza espiritual discernem o valor da promessa que vai ao encontro de sua situação. Como são preciosas, também, as promessas para aqueles que desfrutaram o cumprimento delas! Podemos recordar dos tempos e das épocas em que fomos quebrantados, e o Senhor nos ajudou de acordo com sua Palavra. Mesmo antes de Ele nos tirar do horrível poço, fomos impedidos de afundar no lodo profundo e vislumbrar o dia em que Ele apareceria para nos resgatar. Sua promessa nos impediu de morrer de fome muito antes de chegarmos à "festa do amor".[8] Na expectativa de provações futuras, nossa confiança está na promessa. Portanto, ela é muito preciosa para nós, mesmo antes de ser cumprida.

Quanto mais cremos na promessa, mais encontramos razões para crer. A Palavra do Senhor é tão preciosa para nós que poderíamos nos desfazer de tudo o que temos, em vez de descartar uma única frase dela. Não podemos dizer de qual promessa do Senhor podemos precisar em seguida; aquilo que mal percebemos pode vir a ser essencial para nossa vida em um determinado momento. Graças a Deus que não somos chamados a nos separar de nenhuma das joias do peitoral da Sagrada Escritura — todas elas são "o sim" e "o amém" em Cristo Jesus para a glória de Deus por nós! (2Coríntios 1:20).

Quão preciosas são as promessas quando ficamos enfermos, olhando para a eternidade até o mês seguinte, duramente provados e tentados pela dor e pelo cansaço! Todas as circunstâncias

---

[8] Festa promovida pelos primitivos cristãos que consistia numa refeição comunitária, na qual os pobres e necessitados eram alimentados, fortalecendo-se desse forma a fraternidade e a solidariedade cristãs. Era acompanhada da celebração da Ceia do Senhor.

deprimentes perdem seu poder para o mal quando nossa fé se apodera firmemente das promessas de Deus. Que doce é sentir que tenho minha mente e meu coração fundamentados na promessa. Descanso sobre a verdade do Altíssimo; descanso não sobre a vaidade terrena, mas sobre a veracidade celestial. Não há nada comparável a esse descanso perfeito em outro lugar. A pérola da paz é encontrada entre as preciosas promessas. Isso é precioso de fato, que pode sustentar os moribundos e fazê-los passar para a eternidade com tanto deleite como se fossem a um banquete de casamento. O que dura para sempre, e alegremente dura para sempre, é o mais precioso. Aquilo que traz consigo todas as coisas e tem todas as coisas dentro de si, isso é realmente precioso — e tal é a promessa de Deus.

Se tal for a preciosidade e a grandeza das promessas, aceitemos e acreditemos nelas com alegria. Devo exortar o filho de Deus a fazer isso? Não, não o desonrarei tanto; certamente ele acreditará em seu próprio Pai! Certamente, com toda a certeza, deveria ser a coisa mais fácil do mundo para os filhos e as filhas do Altíssimo acreditarem naquele que lhes deu poder para se tornarem filhos de Deus! Meus irmãos, não nos deixemos que a incredulidade nos faça duvidar da promessa, mas acreditemos nela integralmente!

Além do mais, deixem-nos conhecer as promessas. Não deveríamos tê-las na palma das mãos? Não deveríamos conhecê-las melhor do que qualquer outra coisa? As promessas deveriam ser os clássicos dos crentes. Ainda que você não tenha lido o livro mais recente e não tenha ouvido falar sobre a última decisão do governo, você deveria estar muito bem informado sobre o que o Senhor Deus disse e deveria contemplar sua Palavra ser cumprida. Deveríamos ser sempre tão versados nas Escrituras a ponto de ter na ponta da língua a promessa que mais corresponde exatamente ao nosso caso. Devemos ser transcrições da Escritura — a promessa divina deve estar escrita tanto em nosso coração quanto nas páginas do Livro Sagrado. É algo muito triste que algum filho de Deus não tenha consciência da existência da promessa real que o enriqueceria. É lamentável que qualquer um de nós seja como aquele homem pobre que, desconhecendo ser herdeiro de uma fortuna, continuou a varrer as ruas e a implorar por dinheiro. Para que serve ter uma âncora em casa quando seu navio está em uma tempestade no mar? De que adianta uma promessa da qual você não consegue se lembrar a fim de reivindicá-la em oração?

O que quer que você não saiba, esforce-se para estar familiarizado com aquelas palavras do Senhor que são mais necessárias para nossa alma do que pão para nosso corpo.

Façamos também uso das promessas. Há pouco tempo, um amigo me deu um cheque para certas instituições de caridade e me disse: "Certifique-se de depositá-lo no banco hoje". Você pode ter certeza de que isso foi feito. Não guardo cheques para olhar e brincar; eles vão para o banco, e o dinheiro é recebido e gasto.

As preciosas promessas de nosso grande Deus são expressamente destinadas a serem levadas até Ele, e trocadas pelas bênçãos que elas garantem. A oração leva a promessa ao Banco da Fé e obtém a bênção de ouro. Cuidado como você ora. Faça disso um verdadeiro negócio. Que nunca seja uma formalidade morta. Algumas pessoas oram muito tempo, mas não conseguem o que pedem porque não invocam a promessa de uma forma verdadeira e "profissional". Se você fosse a um banco, e ficasse uma hora conversando com o caixa e depois saísse novamente sem seu dinheiro, qual seria o benefício disso? Se eu for a um banco, passo meu cheque pelo caixa, pego meu dinheiro e vou cuidar de meus negócios. Essa é a melhor maneira de orar. Peça o que você quer, porque o Senhor prometeu. Acredite que você tem a bênção, e vá em frente com seu trabalho com toda a segurança. Levante-se de seus joelhos cantando, porque a promessa está cumprida e sua oração será respondida. Não é a duração de sua oração, mas a força de sua oração que vence com Deus; e a força da oração está em sua fé na promessa que você implorou perante o Senhor.

Por fim, fale sobre as promessas. Diga à casa do Rei o que o Rei disse. Nunca guarde as lâmpadas de Deus debaixo do alqueire (Mateus 5:15). As promessas devem ser proclamadas; exiba-as na parede; leia-as em voz alta para que todos possam ouvi-las. Oh, quão bom seria se nossas conversas fossem mais frequentemente adoçadas com as preciosas promessas de Deus! Depois do jantar, muitas vezes nos sentamos por meia hora e falamos mal de nossos pastores ou fofocamos sobre nossos vizinhos. Quantas vezes esse é o divertimento de domingo! Seria muito melhor se disséssemos: "Agora, amigo, mencione uma promessa", e se o outro respondesse: "E você cita outra promessa em seguida". Então que cada um fale de acordo com seu próprio conhecimento pessoal sobre o cumprimento dessas promessas por parte do Senhor, e que cada um dos presentes conte a história da fidelidade do Senhor a ele. Por esse santo diálogo, devemos aquecer nosso próprio coração e alegrar o espírito uns dos outros, e assim o Dia de Descanso seria utilizado corretamente.

Os homens de negócios discorrem sobre seu ofício, os viajantes falam de suas aventuras e os agricultores conversam sobre suas colheitas. Não deveríamos, então, proclamar abundantemente a memória da bondade do Senhor e falar de sua fidelidade? Se o fizéssemos, todos nós deveríamos endossar a declaração de Pedro de que nosso Deus nos deu "suas preciosas e mui grandes promessas".

12

A PROMESSA DO SENHOR: A NORMA QUE REGE SEU ATO DE DOAR

Deu o SENHOR sabedoria a Salomão, como lhe havia prometido.
1Reis 5:12

COMO o Senhor concedeu sabedoria a Salomão, eu não sei; mas eu sei que Ele prometeu que lhe daria sabedoria e cumpriu sua palavra. Quanto mais se pensa nisso, mais notável parecerá o fato. Salomão não nasceu sob as circunstâncias mais promissoras para a sabedoria. Como filho querido de um pai de certa idade, era muito provável que ele fosse mimado. Como um jovem que subiu ao trono antes de estar apto para isso no curso da natureza, era muito provável que ele tivesse cometido grandes tropeços e erros. Como um homem de fortes paixões carnais, que no final o dominou, ele parecia mais propenso a se provar um devasso do que um filósofo. Como uma pessoa que possui grande riqueza, poder ilimitado e prosperidade contínua, ele teve pouco daquela experiência de provação pela qual os homens adquirem sabedoria. Quem eram seus professores? Quem o ensinou a ser sábio? Sua mãe penitente pode ter colocado diante dele muita moralidade e religião sadias, mas jamais poderia ter-lhe transmitido o eminente grau de sabedoria que o elevou acima de todos os outros homens e o colocou no auge da fama. Ele tinha mais conhecimento do que os outros e, portanto, estes não poderiam ter transmitido sua sabedoria a ele. Os sábios se sentaram a seus pés, e sua fama trouxe peregrinos dos confins da terra. Nenhum deles poderia ter sido seu tutor, já que ele os superou a todos. Como esse homem ascendeu à preeminência absoluta da sabedoria, de modo a fazer de seu nome, em todos os tempos, o sinônimo de um homem sábio?

É um processo muito misterioso a criação de uma mente tão superior. Quem deve dar sabedoria a um jovem? Você pode dar conhecimento a ele, mas não sabedoria. Nenhum tutor, nenhum mestre, nenhum líder religioso pode dar sabedoria a outro homem — eles têm de se esforçar bastante para conseguir um pouco dela para si mesmos. No entanto, Deus deu a Salomão grandeza de coração como as areias do mar, e sabedoria inigualável; pois Deus pode fazer todas as coisas. Por meios conhecidos apenas por si mesmo, o Senhor produziu no jovem rei uma capacidade de observação, raciocínio e ação sensata raramente ou nunca igualada.

Admiramos frequentemente a sabedoria de Salomão. Convido-os ainda mais a admirar a sabedoria de Deus, por quem foi produzida a maravilhosa genialidade de Salomão.

A razão pela qual o Senhor realizou essa maravilha em Salomão foi porque Ele havia prometido fazê-lo, e Ele está certo de manter sua palavra. Muitos outros textos da Bíblia serviriam ao meu intento, assim como 1Reis 5:12, pois tudo o que desejo extrair dele é isto: tudo o que Deus prometeu a alguém, Ele certamente lho dará. Seja sabedoria para Salomão, ou graça para meu leitor, se o Senhor fez a promessa, Ele não permitirá que ela se torne letra morta. O Deus que cumpriu sua palavra nesse caso tão notável, onde o assunto estava tão completamente além do poder humano, e estava cercado de circunstâncias tão desvantajosas, cumprirá sua promessa em outros casos, por mais difícil e misterioso que seja o processo de execução.

Deus sempre cumprirá sua palavra ao pé da letra; sim, e Ele normalmente irá além do que a letra parece significar. Nesse caso, enquanto Deus concedeu sabedoria a Salomão, Ele também lhe acrescentou riquezas, e mil outras coisas que não estavam estipuladas no pacto. "Buscai, pois, em primeiro lugar, o seu reino e a sua justiça, e todas estas coisas vos serão acrescentadas" (Mateus 6:33). Aquele que faz promessas sobre bênçãos infinitas entregará as coisas do cotidiano como se fossem algo de menor valor e as entregará como se fossem algo perfeitamente natural.

Do caso de Salomão, e de milhares de outros semelhantes, aprendemos, antes de tudo, que a regra que rege o ato de Deus doar é esta: *Ele concederá aquilo que prometeu.*

As páginas da História brilham com ilustrações dessa regra.

O Senhor prometeu a nossos pais que caíram no pecado que a semente da mulher feriria a cabeça da serpente. Eis que aquela maravilhosa Semente da mulher apareceu, e obteve para si e para nós a gloriosa vitória de nossa redenção! No cumprimento dessa promessa singular, temos segurança do cumprimento das demais promessas divinas.

Quando Deus prometeu a Noé que ele estaria seguro na arca, Noé sabia que essa segurança era certa. Nenhuma daquelas inúmeras ondas que destruíram o mundo antediluviano poderia invadir seu lugar de segurança.

Quando Deus disse a Abraão que lhe daria um descendente, e uma terra que deveria ser a posse desse descendente, parecia impossível; mas Abraão acreditou em Deus e, no devido tempo, alegrou-se ao contemplar Isaque e ver nele o herdeiro prometido.

Quando o Senhor prometeu a Jacó que estaria com ele e o abençoaria, Ele manteve sua palavra e lhe deu a libertação pela qual Jacó lutou no vau de Jaboque.

Quando as tribos de Israel foram reduzidas à escravidão no Egito e o faraó as manteve com mão de ferro, e não as deixou ir, aquela promessa de longa data de que os descendentes de Israel deveriam possuir a terra que manava leite e mel parecia que nunca seria cumprida. Mas Deus, que se comprometeu por seu povo, os tirou do Egito "com poderosa mão, e com braço estendido" (Deuteronômio 26:8), no mesmo dia em que prometeu resgatá-los. Ele também dividiu o mar Vermelho, e conduziu seu povo pelo deserto, pois garantiu que o faria. Ele fendeu o Jordão em dois, e expulsou os cananeus diante de seu povo, e deu a Israel a terra para sua herança, assim como havia prometido.

As histórias de fidelidade do Senhor são tantas que o tempo nos faltaria para enumerá-las todas. As palavras de Deus sempre foram justificadas no devido tempo pelos atos de Deus. Ele tem lidado com os seres humanos de acordo com sua promessa. Sempre que eles tomaram posse da promessa e disseram "Faze como disseste", Deus respondeu ao apelo e provou que a confiança nele não é vã. No decorrer de todas as eras, a regra invariável de Deus tem sido manter sua palavra ao pé da letra e no tempo oportuno.

"Essa é uma conversa difícil de engolir", diz alguém. Então desceremos a um nível mais palatável. É a maneira de Deus manter sua promessa a cada indivíduo. Nós mesmos somos testemunhas vivas de que Deus não esquece sua palavra. Dezenas de milhares de nós podemos testemunhar que confiamos nele e que nunca fomos decepcionados. Eu já fui um pecador de coração destroçado, acovardado sob a nuvem da ira onipotente, culpado e autocondenado, e senti que se eu fosse banido para sempre da presença de Senhor, eu não poderia dizer uma palavra contra a justiça da sentença. Quando li em sua palavra: "Se confessarmos os nossos pecados, ele é fiel e justo para nos perdoar os pecados e nos purificar de toda injustiça" (1João 1:9), eu fui até Ele.

Tremulamente, resolvi testar sua promessa. Reconheci minhas transgressões ao Senhor, e Ele perdoou a iniquidade de meu pecado. Não estou contando nenhuma história vazia, pois a paz profunda e repousante que tomou conta do meu coração no momento do perdão foi tal que parecia que eu tinha começado uma nova vida; como, de fato, eu havia começado.

Foi assim que aconteceu: Ouvi, num dia do Senhor, um homem simples falar sobre aquela promessa: "Olhai para mim e sede salvos, vós, todos os limites da terra". Não conseguia entender como o simples fato de olhar para Cristo poderia me salvar. Parecia um ato muito banal para produzir um resultado tão grandioso; mas, como eu estava pronto para tentar qualquer coisa, eu olhei — olhei para Jesus.

Foi tudo o que fiz. Era tudo o que eu podia fazer. Olhei para Aquele que se propôs a ser "a propiciação pelos nossos pecados" (1João 2:2), e, num instante, vi que estava reconciliado com Deus. Vi que se Jesus sofreu em meu lugar, eu não precisaria sofrer; e que se Ele carregou todo o meu pecado, eu não teria mais pecado para carregar. Minha iniquidade deve ser apagada se Jesus a carregou em meu lugar, e sofreu toda a sua penalidade.

Com esse pensamento, surgiu em meu espírito um doce sentimento de paz com Deus através de Jesus Cristo, meu Senhor. A promessa era verdadeira, e descobri que era mesmo. Aconteceu há uns trinta e seis anos, mas nunca perdi o sentido daquela salvação completa que encontrei então, nem perdi aquela paz que tão docemente surgiu em meu espírito. Desde então, nunca confiei em vão em uma promessa de Deus. Fui colocado em situações de grande perigo, conheci uma grande necessidade, senti uma dor aguda e fui oprimido por incessantes ansiedades; mas o Senhor tinha sido fiel a cada linha de sua Palavra, e quando confiei nele, Ele me conduziu através de todas essas circunstâncias sem uma frustração. Sou compelido a falar bem dele, e o faço. Para isso, eu empenho a minha palavra e honra, sem hesitação ou reserva.

A experiência de todos os crentes é praticamente a mesma: começamos nossa nova vida de alegria e paz crendo no Deus de promessas, e continuamos a viver da mesma maneira. Uma longa lista de promessas cumpridas está presente em nossas lembranças felizes, despertando nossa gratidão e confirmando nossa confiança. Temos testado a fidelidade de nosso Deus ano após ano, de muitas maneiras, mas sempre com o mesmo resultado. Fomos até Ele com promessas das coisas comuns da vida, relacionadas com o pão de cada dia, o vestuário, os filhos e o lar; e o Senhor nos tratou com bondade. Recorremos a Ele com relação a doenças, calúnias, dúvidas e tentações; e Ele nunca nos falhou. Ele se preocupa conosco até nas pequeninas coisas — até mesmo os cabelos de nossa cabeça foram enumerados. Quando parecia muito improvável que a promessa pudesse ser cumprida, ela foi cumprida com uma exatidão notável. A falsidade das pessoas nos decepciona, mas exultamos e nos alegramos na veracidade de Deus. Nossos olhos se enchem de lágrimas em pensar nas formas surpreendentes como o Senhor, nosso Deus, tem trabalhado para cumprir suas graciosas promessas.

> Até agora provamos que essa promessa é boa,
> Que Jesus a ratificou com sangue.
> Ele ainda é fiel, sábio e justo,
> E ainda nele os crentes confiam.[9]

Deixe-me falar livremente a todos os que confiam no Senhor. Filhos de Deus, seu Pai celestial não tem sido fiel a vocês? Essa não é sua experiência constante, a de que vocês estão sempre falhando, mas Ele nunca falha? Bem disse nosso apóstolo: "Se somos infiéis, Ele permanece fiel, pois de maneira nenhuma pode negar-se a si mesmo" (2Timóteo 2:13). Podemos interpretar a linguagem divina em seu sentido mais amplo, e descobriremos que a promessa do Senhor é mantida até o máximo de seu significado. A norma que rege seu ato de doar é ampla e generosa. A promessa é um grande recipiente, e o Senhor o preenche até transbordar. Como o Senhor no caso de Salomão lhe deu "como lhe havia prometido", assim Ele o fará em todos os casos, enquanto o mundo estiver de pé. Ó leitor, acredite na promessa e, assim, prove que é um herdeiro dela. Que, pelo amor de Jesus, o Espírito Santo o conduza a fazer isso!

---

[9] Versos de um hino de Philip Doddridge (1702-1751), teológo, pastor, educador e compositor inglês.

13

A REGRA SEM EXCEÇÃO

*Bendito seja o SENHOR, que deu repouso ao seu povo de Israel,
segundo tudo o que prometera; nem uma só palavra falhou de todas
as suas boas promessas, feitas por intermédio de Moisés, seu servo.*
1Reis 8:56

DEUS concede coisas boas aos seres humanos de acordo com sua promessa.

Isto é um fato, e não uma mera opinião. Nós a declaramos, e desafiamos todo o mundo a trazer qualquer evidência para refutar essa declaração.

Nesse ponto, este escritor é uma testemunha pessoal. Minha experiência tem sido longa, e minha observação tem sido ampla; mas eu nunca me encontrei ainda com uma pessoa que confiasse em Deus e descobrisse que a promessa do Senhor lhe falhou. Tenho visto muitas pessoas sofrendo duras provações, descansando na palavra do Senhor, e também tenho visto muitos moribundos triunfarem na morte pelos mesmos meios; mas nunca me encontrei com um crente que tenha se envergonhado de sua esperança por causa de suas aflições temporais, nem com alguém que em seu leito de morte se arrependeu de ter confiado no Senhor.

Toda minha observação aponta para outra direção, e me confirma na persuasão de que o Senhor é fiel a todos os que confiam nele. Sobre esse assunto, eu estou preparado para fazer uma afirmação solene em um tribunal de justiça. Eu não proferiria uma falsidade sob o pretexto de uma fraude piedosa, mas testemunharia sobre esse importante assunto como uma testemunha honesta sem reservas ou equívocos. Eu nunca conheci um indivíduo que, na iminência da morte, lamentasse por ter confiado no Salvador. Não, mais ainda, nunca ouvi dizer que tal coisa tenha acontecido em qualquer lugar e em qualquer momento. Se tivesse havido tal caso, os detratores do evangelho o teriam anunciado alto e bom som; cada rua teria ouvido as más notícias; cada pregador teria sido confrontado com isso. Deveríamos ter sido recebidos com panfletos na porta de cada igreja e capela, relatando que tal pessoa, que havia vivido uma vida santa e confiado nos méritos do Redentor, havia descoberto em suas últimas horas que havia sido enganada, e que a doutrina da cruz não passava de uma completa ilusão. Desafiamos os oponentes a descobrir tal ocorrência. Que o encontrem entre ricos ou pobres, idosos ou jovens. Deixem o próprio demônio, se puder, testemunhar o fracasso de uma única promessa do Deus vivo. Mas nunca foi dito que o Senhor enganou alguém de seu povo, e isso nunca será dito; pois Deus é fiel a cada palavra que Ele já pronunciou.

Deus nunca se rebaixa a uma mentira. A mera suposição disso é blasfêmia. Por que Ele deveria ser falso? O que há sobre Ele que poderia levá-lo a quebrar sua palavra? Seria contrário à sua natureza. Como Ele poderia ser Deus e não ser justo e verdadeiro? Ele não pode, portanto, violar sua promessa por qualquer falta de fidelidade.

Além disso, o Deus onipotente nunca promete além de seu poder. Com frequência pretendemos agir de acordo com nossa palavra, mas nos encontramos dominados por circunstâncias esmagadoras, e nossas promessas caem por terra porque somos incapazes de cumpri-las. Nunca será assim com o Deus onipotente, pois sua capacidade é ilimitada. Todas as coisas são possíveis a Ele (Gênesis 18:14; Jó 42:2; Mateus 19:26).

Nossa promessa pode ter sido feita por engano, e podemos depois descobrir que seria errado fazer o que prometemos; mas Deus é infalível e, portanto, sua palavra nunca será retirada com base em um erro. A sabedoria infinita estabeleceu seu *imprimátur* em cada promessa; cada palavra do Senhor é registrada por um julgamento infalível e ratificada pela verdade eterna.

A promessa também não pode falhar devido ao Prometedor Divino sofrer alguma mudança. Nós mudamos, pois somos imperfeitos e inconstantes. Mas Deus não conhece a variabilidade nem a sombra de uma mudança (Tiago 1:17); disso decorreu que sua palavra permanece para sempre a mesma. Porque Ele não muda, suas promessas permanecem firmes como as grandes montanhas. "Porventura, tendo Ele prometido, não o fará? Ou, tendo falado, não o cumprirá?" (Números 23:19). Nossa forte consolação repousa sobre a imutabilidade de Deus.

Nem pode a palavra do Senhor cair por terra em razão de Ele ter se esquecido. O que prometemos pode estar além da nossa capacidade de cumprir. Embora estejamos dispostos, falhamos em cumprir o que prometemos porque outras coisas entram em cena e distraem nossa atenção. Esquecemos ou perdemos o interesse; no entanto, isso nunca acontece com o Fiel Prometedor. Sua promessa mais antiga ainda está fresca em sua mente, e ela significa a mesma coisa agora como se Ele a tivesse proferido pela primeira vez. Deus está, de fato, sempre dando a promessa, já que não há limite de tempo para Ele. As antigas promessas das Escrituras são novas promessas de fé, pois cada palavra ainda sai da boca do Senhor, para ser pão para os homens (Deuteronômio 8:3; Mateus 4:4).

Por causa de tudo isso, a palavra do Senhor merece toda fé, tanto implícita como explícita. Podemos confiar de forma exagerada nas pessoas, mas nunca podemos fazê-lo em relação a Deus. Sua palavra é a coisa mais segura que já existiu ou que poderá existir. Acreditar em sua palavra é acreditar no que ninguém pode questionar de forma justa. Será que Deus disse tal coisa? Então assim deve ser. Céu e terra passarão, mas a palavra de Deus nunca passará (Mateus 24:35). As leis da natureza podem ser suspensas — o fogo pode cessar de queimar, e a água pode parar de jorrar, pois isso não envolveria nenhuma infidelidade da parte de Deus; mas sua palavra falhar envolveria uma variabilidade desonrosa no caráter e na natureza da

Divindade, e isso nunca poderá suceder. Vamos testificar o fato de que Deus é verdadeiro, e nunca permitamos em nossa mente a possibilidade de suspeitar de sua veracidade.

A imutável palavra da promessa é, e sempre deve ser, a norma que rege o ato de Deus doar. Considere um pouco, enquanto faço uma observação adicional, a saber, que não pode existir nenhuma regra contra essa norma. Nenhuma outra lei, hipotética ou real, pode jamais entrar em conflito com a regra da promessa de Deus.

A lei do merecimento às vezes é colocada contra ela, mas essa lei não pode prevalecer. "Oh", diz alguém, "não posso pensar que Deus pode me salvar ou vai me salvar, pois não há nada de bom em mim". Você fala corretamente, e seu medo não pode ser removido se Deus quiser agir para com você tendo por base a regra do merecimento. Mas se você crer em seu Filho Jesus, essa regra não funcionará, pois o Senhor agirá para com você de acordo com a regra que rege sua promessa. A promessa não foi fundada sobre seus méritos; ela foi feita livremente, e será tão livremente cumprida quanto livremente foi pronunciada. Se você perguntar como seus méritos podem ser satisfeitos, deixe-me lembrá-lo de Jesus que veio para salvá-lo de seus pecados. Os méritos ilimitados do Senhor Jesus são postos em sua conta e seus terríveis deméritos são assim neutralizados de uma vez por todas. A lei do mérito sentenciaria você à destruição tal como você está destruído em si mesmo; mas aquele que crê não está sob a lei, mas sob a graça; e sob a graça o grande Senhor lida com os seres humanos de acordo com a pura misericórdia revelada em sua promessa. Opte por não ser um mero religioso professo, ou a justiça deve condená-lo. Esteja disposto a aceitar a salvação como um dom gratuito concedido através do exercício da prerrogativa soberana de Deus, que diz: "Terei misericórdia de quem eu tiver misericórdia" (Êxodo 33:19; Romanos 9:15). Seja humildemente confiante na graça de Deus que se revela em Cristo Jesus, e a promessa será ricamente cumprida para você.

O Senhor tampouco lida com os seres humanos de acordo com a medida da capacidade moral deles. "Oh" — afirma aquele que está à procura —, "acho que poderia ser salvo se pudesse me tornar melhor, ou me tornar mais religioso, ou exercer maior fé; mas estou sem forças. Não posso crer; não posso me arrepender; não posso fazer nada certo!" Lembre-se, então, de que o Deus gracioso não prometeu abençoá-lo de acordo com a medida de sua capacidade de servi-lo, mas de acordo com as riquezas de sua graça, como declarado em sua Palavra. Se os dons de Deus fossem conferidos a você de acordo com sua força espiritual, você não receberia nada; pois você nada pode fazer sem o Senhor (João 15:5). Mas como a promessa é cumprida de acordo com a infinidade da graça divina, não pode haver dúvida alguma sobre ela. Você não precisa duvidar da promessa em razão de sua incredulidade, mas considere que Aquele que prometeu também é capaz de realizar. Não limite o Santo de Israel sonhando que seu amor está limitado por sua capacidade. O volume do rio não deve ser calculado pela aridez do deserto pelo qual ele flui — não há proporção lógica entre os dois.

Mesmo com pouca visão pode-se observar que não há como calcular a extensão do amor infinito medindo-o pela fraqueza humana. As operações da graça onipotente não são limitadas pela força mortal, ou pela falta de força. O poder de Deus manterá a promessa que Ele pronunciou. A fraqueza humana não pode derrotar a promessa de Deus, nem a força humana que pode cumprir sua promessa. Aquele que proferiu a palavra, Ele mesmo a cumprirá. Não é seu dever, nem meu, cumprir as promessas de Deus; esse é o ofício dele, e não o nosso.

Infeliz desamparado, prenda seu pesado vagão de incapacidade ao grande motor da promessa, e você será arrastado na linha do dever e da bênção! Embora você esteja mais morto do que vivo, embora tenha mais fraqueza do que força, isso não afetará a certeza do compromisso da promessa divina. O poder da promessa está naquele que fez a promessa. Olhe, portanto, para Deus, e desvie o olhar de si mesmo. Se você estiver fraco, descanse nos braços da promessa divina; se você se considerar morto, seja enterrado na sepultura onde jazem os ossos de uma promessa, e você será feito vivo assim que os tocar (compare com 2Reis 13:21).

O que podemos ou não fazer não é a questão; mas tudo depende do que o Senhor pode fazer. Basta que cumpramos nossa parte no pacto sem tentar cumprir as promessas de Deus. Eu não gostaria que meu semelhante duvidasse de minha capacidade de pagar dívidas porque um mendigo que perambula na rua seguinte não pode pagar o que deve. Por que, então, eu deveria suspeitar do Senhor porque tenho motivos graves para desconfiar de mim mesmo? Minha capacidade é uma questão distinta da fidelidade de Deus, e é uma pena misturar as duas coisas. Não vamos desonrar nosso Deus sonhando que seu braço ficou curto porque nosso braço ficou fraco ou cansado (Salmos 136:12).

Tampouco devemos medir Deus pela regra de nossos sentimentos. Muitas vezes ouvimos estas lamentações:

"Não sinto que posso ser salvo."

"Não sinto que um pecado como o meu possa ser perdoado."

"Não sinto que seja possível que meu coração duro possa ser suavizado e renovado."

Esta é uma conversa pobre e tola. De que forma nossos sentimentos podem nos guiar em tais assuntos? Você sente que os mortos em seus túmulos podem ser ressuscitados? Você sente mesmo que o frio do inverno será seguido pelo calor do verão? Como você pode sentir essas coisas? Você acredita nelas. Falar de sentimento nesses assuntos é um absurdo. Será que a pessoa que desmaia sente que vai reviver? Não é a natureza de tal estado pensar morte? Será que os corpos mortos sentem que ressuscitarão? O sentimento está fora de questão.

Deus deu sabedoria a Salomão como lhe havia prometido, e Ele lhe dará o que prometeu, sejam quais forem seus sentimentos. Se você der uma folheada no livro de Deuteronômio, verá que Moisés usa o verbo "prometer" em relação a Deus. Ele diz: "O Senhor,

Deus de vossos pais, vos faça mil vezes mais numerosos do que sois e vos abençoe, como vos prometeu" (Deuteronômio 1:11). Ele não pode pronunciar sobre Israel uma bênção maior. Aquele homem santo via as ações do Senhor com constante admiração, porque elas eram "como [Ele] vos prometeu". Em nosso caso, também, a regra do trato do Senhor será "como [Ele] vos prometeu". Nossa experiência da graça divina não será "como sentimos agora", mas "como [Ele] vos prometeu".

Enquanto escrevo assim para o conforto dos outros, sinto-me obrigado a confessar que, pessoalmente, estou sujeito a sentimentos muito mutáveis; mas aprendi a dar muito pouca importância a eles, de uma forma ou de outra. Acima de tudo, deixei de estimar a verdade da promessa pela minha condição mental. Hoje me sinto tão alegre que poderia dançar ao som do tamborim de Miriã (Êxodo 15:20); mas talvez quando acordar amanhã de manhã eu só possa suspirar em harmonia com as lamentações de Jeremias. Será que minha salvação mudou de acordo com esses sentimentos? Nesse caso, ela deve ter tido uma base muito frágil. Os sentimentos são mais inconstantes do que os ventos, mais inconsistentes do que as bolhas. Eles devem ser o indicador da fidelidade divina?

Os estados de espírito dependem mais ou menos da condição do fígado ou do estômago. Devemos julgar o Senhor por eles? Certamente que não. O estado do barômetro pode enviar nossos sentimentos para cima ou para baixo. Pode haver muita dependência de coisas tão mutáveis? Deus não sustenta seu amor eterno sobre nossas emoções. Isso seria equivalente a construir um templo sobre uma onda. Somos salvos de acordo com os fatos, não de acordo com as fantasias. Certas verdades eternas nos provam se somos salvos ou perdidos; e essas verdades não são afetadas por nossa euforia ou depressão. Ó meu leitor, não ponha seus sentimentos como um teste para experimentar a veracidade do Senhor! Tal conduta é uma espécie de insanidade e maldade misturadas. Se o Senhor pronunciou a palavra, Ele a tornará satisfatória, quer você se sinta triunfante, quer desanimado.

Novamente, Deus não nos dará de acordo com a regra das probabilidades. Parece muito improvável que você, meu amigo, seja abençoado pelo Senhor que fez o céu e a terra; mas se confia no Senhor, você é favorecido tão seguramente quanto a própria mãe do Senhor, Maria, da qual se diz que todas as gerações a chamarão "bem-aventurada", pois está escrito: "Bem-aventurada a que creu, porque serão cumpridas as palavras que lhe foram ditas da parte do Senhor" (Lucas 1:45, 48). "Ó SENHOR dos Exércitos, feliz o homem que em ti confia" (Salmos 84:12).

Pode parecer improvável que um velho pecador, mergulhado no vício, ao crer em Jesus, comece imediatamente uma nova vida; e, no entanto, assim será. Pode parecer muito improvável que uma mulher que vive em pecado ouça esta palavra: "Quem crê em mim tem a vida eterna" (João 6:47), e imediatamente agarre-se a ela e receba imediatamente a vida eterna; no entanto, tudo isso é verdade. Eu já vi isso acontecer.

Nosso Deus é um Deus de maravilhas. Coisas improváveis, sim, impossíveis para nós, são coisas do cotidiano para Ele. Deus faz o camelo, apesar de sua corcunda, passar pelo fundo de uma agulha (Mateus 19:24). Ele "chama à existência as coisas que não existem" (Romanos 4:17). Você ri da própria ideia de ser salvo? Que não seja o riso desconfiado de Sara, mas a alegre expectativa de Abraão. Creia em Jesus, e você rirá por toda parte, por dentro e por fora, não por incredulidade, mas por uma outra razão bem diferente. Quando conhecemos a Deus, não deixamos de nos maravilhar, mas começamos a estar em casa cercado de maravilhas. Eu acredito na promessa da graça de Deus, e você, ao acreditar, viverá em um novo mundo que será sempre uma terra de maravilhas para você. É algo tão feliz ter tanta fé em Deus a ponto de esperar com tanta certeza o que é mais improvável ao mero julgamento humano. "Para Deus tudo é possível" (Mateus 19:26); portanto, é possível que Ele salve toda alma que crê em Jesus. A lei da gravidade age em todos os casos, assim como a lei da fidelidade divina.

Não há exceções à regra de que Deus manterá seu pacto. Casos extremos, casos difíceis, sim, casos impossíveis, estão incluídos dentro do círculo da palavra do Senhor e, portanto, ninguém precisa se desesperar, ou mesmo duvidar. O momento de Deus chegou quando o ser humano atingiu o seu limite. Quanto pior for o caso, mais seguro é de ser ajudado pelo Senhor. Oh, que meu leitor desesperado e indefeso dê ao Senhor a honra de nele crer, e depositar tudo em suas mãos!

Quanto tempo vai demorar até que a humanidade confie em seu Deus? "Homem de pequena fé, por que duvidaste?" (Mateus 14:31). Oh, que nos decidamos em nossa mente a jamais voltar a desconfiar do Fiel (2Coríntios 1:18)!

"Seja Deus verdadeiro, e mentiroso, todo homem" (Romanos 3:4). O próprio Senhor diz: "Ter-se-ia encurtado a mão do Senhor? Agora mesmo, verás se se cumprirá ou não a minha palavra!" (Números 11:23). Que o Senhor não nos fale assim com furor, mas que creiamos e tenhamos certeza de que suas declarações solenes devem ser cumpridas. Não falemos mais uns aos outros, dizendo: "O que é a verdade?" (João 18:38), mas que saibamos infalivelmente que a palavra do Senhor é segura, e dura para sempre (Isaías 40:8).

Aqui está uma promessa pela qual o leitor pode começar. Experimente-a e veja se não é verdade: "Invoca-me no dia da angústia; eu te livrarei, e tu me glorificarás" (Salmos 50:15).

14

TOME POSSE DA PROMESSA

Perto dele estava o SENHOR e lhe disse: Eu sou o SENHOR,
Deus de Abraão, teu pai, e Deus de Isaque. A terra em que
agora estás deitado, eu ta darei, a ti e à tua descendência.
Gênesis 28:13

AS almas desconfiadas encontram muita dificuldade em se agarrar às promessas de Deus como sendo feitas a si mesmas. Elas temem que seja presunção agarrarem-se a coisas tão boas e preciosas. Como regra geral, podemos considerar que se tivermos fé para agarrar uma promessa, essa promessa é nossa. Aquele que nos dá a chave que se encaixará na fechadura de sua porta pretende que abramos a porta e entremos. Nunca pode haver presunção em acreditar humildemente em Deus; pode haver muita presunção em ousar questionar sua palavra. Não é provável que erremos ao confiarmos demais na promessa. Nosso fracasso está na falta de fé, não no excesso dela. Seria difícil acreditar muito em Deus; é terrivelmente comum acreditar muito pouco nele. "Faça-se-vos conforme a vossa fé" (Mateus 9:29) é uma bênção da qual o Senhor jamais se afastará. "Tudo é possível ao que crê" (Marcos 9:23). Está escrito: "Vemos, pois, que não puderam entrar [no descanso de Deus] por causa da incredulidade" (Hebreus 3:19); mas nunca se diz que alguém que entrou pela fé foi censurado por sua impertinência, e expulso novamente.

Jacó, de acordo com o texto com o qual abrimos este capítulo, tomou posse da Terra Prometida, deitou-se sobre ela e foi dormir. Não há maneira mais segura de tomar posse de uma promessa do que colocar todo o seu peso sobre ela, e depois desfrutar de um descanso prazeroso. "A terra em que agora estás deitado, eu ta darei."

Quantas vezes descobri que a promessa era verdadeira para mim mesmo quando a aceitei como verdade, e agi de acordo com ela! Estiquei-me sobre ela como se estivesse em um divã, e me lancei nas mãos do Senhor; e um doce repouso tomou conta do meu espírito. A confiança em Deus realiza seus próprios desejos. A promessa que nosso Senhor fez àqueles que buscam favores em oração é esta: "Tudo quanto em oração pedirdes, crede que recebestes, e será assim convosco" (Marcos 11:24). Isso parece estranho, mas é verdade; está de acordo com a filosofia da fé. Digamos, por meio da fé realizadora, "Esta promessa é minha", e imediatamente é sua. É pela fé que nós recebemos a promessa, e não pela vista e pelos sentidos.

As promessas de Deus não são cercadinhos para serem propriedade privada desse crente ou daquele, mas são um espaço aberto para os moradores da comunidade da santa fé. Sem dúvida, há pessoas que, se pudessem, fariam do sol e da lua um patrimônio pessoal. A mesma ganância poderia colocar uma cerca em torno das promessas; mas isto não pode ser feito. Também os egoístas podem se apossar das aves canoras e reivindicar a música da cotovia e do tordo como sua herança particular, como se propusessem cumprir as promessas todas para si mesmos. Não, o melhor dos santos não pode, mesmo que o desejasse, colocar uma única palavra do Deus da graça sob sete chaves. A promessa não é apenas para "vós e vossos filhos", mas também "para todos os que ainda estão longe, isto é, para quantos o Senhor, nosso Deus, chamar" (Atos 2:39). Como isso é reconfortante! Tomemos nossos direitos comuns, e possuamos, pela fé, o que o Senhor nos concedeu por meio de uma "aliança de sal" (Números 18:19; 2Crônicas 13:5).[10]

As palavras ditas pelo profeta Oseias acerca do patriarca Jacó pertencem igualmente a todos os crentes: "lutou com o anjo e prevaleceu; chorou e lhe pediu mercê; em Betel, achou a Deus, e ali falou Deus conosco" (Oseias 12:4). Por conseguinte, o Senhor falou conosco quando falou com o patriarca. As maravilhas que Deus mostrou no mar Vermelho foram feitas para todo o seu povo, pois lemos: "ali, nos alegramos nele" (Salmos 66:6). É verdade que não estávamos lá, e ainda assim a alegria da vitória de Israel é nossa. O apóstolo cita a palavra do Senhor a Josué como se fosse dita a todo e qualquer filho de Deus: "Contentai-vos com as coisas que tendes; porque Ele tem dito: De maneira alguma te deixarei, nunca jamais

---

[10] Expressão bíblica que aponta para algo duradouro, inviolável, inquebrantável.

te abandonarei" (Hebreus 13:5). Nenhuma palavra do Senhor termina com a ocasião que lhe deu origem ou se limita a abençoar o indivíduo a quem a palavra foi dirigida pela primeira vez. Todas as promessas são para os crentes que têm fé suficiente para abraçá-las e suplicar por elas diante do trono da graça. O que Deus é para aquele que confia nele, Ele o será para todos os demais, de acordo com suas circunstâncias e necessidades.

A Bíblia vislumbra a cada um de nós ao proferir suas palavras de graça. Um conferencista de Bampton disse acertadamente: "Nós, sim, nós mesmos, somos as próprias pessoas de quem as Escrituras falam; e a quem, como homens, em toda variedade de formas persuasivas, elas fazem seu apelo condescendente, embora celestial. O ponto digno de observação é constatar como esse livro de tal espécie e extensão possui tamanha versatilidade de poder, esse olhar, como o de um retrato uniformemente fixado sobre nós, que se vira para onde quer que olhemos".[11]

O olhar da Palavra de Deus.
Para onde nos voltamos,
O teu olhar bondoso, sempre sobre nós,
Discernem todos os nossos pesares,
Desvendam o labirinto de cada interior.
Todos se perguntam: Que Palavra é essa?

---

[11] Frase atribuída ao reverendo John Miller (1787-1858), que foi educado na Universidade de Oxford.

O coração humilde clama: De onde me conheces?

Comunica. Para ouvir de ti esse profundo mistério,

O conhecimento de si mesma.[12]

Essa maneira singular de ser da Palavra para cada uma das inúmeras gerações de crentes é um de seus maiores encantos e uma das provas mais seguras de sua inspiração divina. Tratamos nossa Bíblia, não como um almanaque antigo, mas como um livro para o presente: novo, atual, aplicável para o momento. A doçura permanente reside no frescor inalterado das antigas palavras sobre as quais nossos pais se alimentavam em seus dias. Glória a Deus, estamos nos banqueteando com eles ainda; ou se não estivermos, devemos estar; e só podemos nos culpar se não o fizermos!

Os poços de Abraão serviram para Isaque, Jacó e para inúmeras gerações. Venha, deixe-nos baixar nossos baldes, e com alegria tirar água dos velhos poços de salvação cavados nos dias longínquos em que nossos pais confiavam no Senhor, e que Ele os entregou! Não precisamos temer que sejamos ingênuos ou crédulos demais. As promessas do Senhor são feitas a todos os que creem nelas. A fé é em si mesma uma garantia de confiança. Se você pode ter fé, você pode confiar. Depois de cumpridas centenas de vezes, as palavras de promessa ainda estão por se cumprir. Muitas vezes e com certa frequência nos abaixamos até a nascente da campina e tomamos um

---

[12] Poema de John Keble (1792-1866), professor de Oxford, liturgista e ministro ordenado da Igreja da Inglaterra. Tradução livre.

gole de água refrescante. A nascente está tão cheia e à disposição, e podemos beber hoje com tanta confiança como se tivéssemos nos abaixado agora pela primeira vez. Os homens não cumprem suas promessas várias e várias vezes — seria insensato esperar isso deles. Eles são cisternas, mas tu, Senhor, és uma fonte! Toda a minha fonte aprazível está em ti.

Venha, leitor, siga o exemplo de Jacó! Como ele se deitou em um determinado lugar e fez das pedras desse lugar seu travesseiro, faça o mesmo. Aqui está toda a Bíblia para lhe servir de divã, e aqui estão certas promessas para lhe servirem de travesseiro. Largue os seus fardos, e a si mesmo também, e descanse. Eis que esta Escritura e suas promessas são doravante suas: "A terra em que agora estás deitado, eu ta darei" (Gênesis 28:13).

15

ENDOSSE A PROMESSA

Pois eu confio em Deus que sucederá do modo por que me foi dito.
Atos 27:25

PAULO recebeu uma promessa especial, e ele declarou abertamente sua fé nela. Ele acreditava que Deus iria cumprir cada detalhe dessa promessa. Dessa forma, ele endossou sua crença de que Deus é verdadeiro. Cada um de nós é obrigado a fazer isso com aquelas palavras do Senhor que se aplicam ao nosso caso. Isso é o que quero dizer com o título que encabeça este capítulo — *Endosse a promessa.*

Um amigo pode confiar a mim um cheque para o orfanato com estes dizeres no verso: "Pague à ordem[13] de C. H. Spurgeon a soma de 10 libras".[14] Seu nome é honrado, e seu banco é sério, mas não

---

[13] A expressão "à ordem" refere-se ao que pode ser transferido por endosso, isto é, uma declaração, escrita no dorso de um título de crédito ou papel comercial, que transmite a outrem a sua propriedade.

[14] A libra esterlina é a moeda oficial do Reino Unido.

recebo nada desse gesto de bondade até assinar meu próprio nome no verso de seu cheque ou de sua ordem de pagamento. É um ato muito elementar: eu simplesmente assino meu nome, e o caixa me paga; minha assinatura, no entanto, não pode ser dispensada.

Há muitos nomes mais ilustres que o meu, mas nenhum deles pode ser usado em vez do meu próprio. Se eu escrevesse o nome da Rainha,[15] isso não me serviria para nada. Se o secretário do Tesouro assinasse no verso do documento, seria um ato em vão. Eu mesmo devo afixar meu próprio nome. Mesmo assim, cada um deve aceitar, assumir e endossar pessoalmente a promessa de Deus por sua própria fé individual, ou não obterá nenhum benefício com isso.

Se você escrevesse versos de John Milton[16] em homenagem ao banco, ou superasse Alfred Tennyson[17] em versos em louvor ao generoso benfeitor dos órfãos, ainda assim não ganharia nada. A linguagem mais refinada dos homens e dos anjos não teria nenhuma serventia. O que é absolutamente necessário é a assinatura pessoal daquele que é nominado como o destinatário. Por mais perfeito que seja o esboço que o lápis de um artista possa rabiscar do verso do cheque, isso também não seria de nenhum proveito. O nome simples escrito pelo próprio destinatário é o que se exige, e nada será aceito em seu lugar.

---

[15] A rainha do Reino Unido nesse tempo era Vitória I (1837-1900).

[16] John Milton (1608-1674) foi um poeta e intelectual inglês, autor do poema épico *Paraíso perdido*, um dos mais aclamados da literatura universal.

[17] Alfred Tennyson (1809-1892) foi um dos mais célebres poetas da Era Vitoriana (1837-1900).

Devemos crer na promessa, individualmente, por nós mesmos, e declarar que sabemos que ela é verdadeira, ou não receberemos nenhuma bênção. Nenhuma boa obra, nenhuma apresentação cerimonial ou sentimento de arrebatamento pode tomar o lugar de uma simples confiança. "De fato, sem fé é impossível agradar a Deus, porquanto é necessário que aquele que se aproxima de Deus creia que Ele existe e que se torna galardoador dos que o buscam" (Hebreus 11:6). Algumas coisas podem ser de uma forma ou de outra, mas no que tange ao que estamos tratando, deve ser assim.

Pode-se dizer que a promessa se processa assim: "Prometo pagar à ordem de qualquer pecador que creia em mim a bênção da vida eterna". O pecador deve escrever seu nome no verso do cheque; nada mais lhe será exigido. Ele acredita na promessa, vai ao trono da graça com ela e procura receber a misericórdia que ela lhe garantiu. Ele terá essa misericórdia; ele não pode deixar de fazê-lo. Está escrito: "Quem crê no Filho tem a vida eterna" (João 3:36); e assim é.

Paulo acreditava que todos os que estavam no navio com ele no momento do naufrágio em Malta escaparia porque Deus o havia prometido. Ele aceitou a promessa como ampla garantia para o fato, e agiu de acordo. Ele estava calmo em meio à tempestade; ele deu a seus companheiros conselhos sábios e sensatos acerca de como quebrar o jejum; e, em geral, administrou os assuntos como quem que estava seguro de um escape feliz da tempestade. Assim, ele tratava Deus como Ele deveria ser tratado, ou seja, com confiança inquestionável. Uma pessoa íntegra gosta de ser confiável, e se entristeceria se visse que era considerada com desconfiança. Nosso Deus fiel zela por sua honra, e não pode suportar que o tratem como se Ele pudesse ser falso. A incredulidade provoca o Senhor acima de qualquer outro pecado, toca a menina de seu olho e o atinge profundamente. Longe de nós cometermos um erro tão infame para com nosso Pai celestial; creiamos nele integralmente, não colocando limites à nossa sincera confiança em sua Palavra.

Paulo declarou abertamente sua confiança na promessa. É bom que façamos o mesmo. Justamente neste momento, testemunhos ousados e sinceros da verdade de Deus são muito necessários e podem ser de valor incalculável. O ar está cheio de dúvidas; de fato, poucos acreditam de forma real e substancial. Alguém como George Müller,[18] que acredita em Deus para a manutenção de duas mil crianças, é um personagem raro. "Quando vier o Filho do Homem, achará, porventura, fé na terra?" (Lucas 18: 8). Portanto, vamos testemunhar. A incredulidade nos desafiou; que nenhum coração fique amedrontado, mas que encontremos o gigante com a funda e pedra da real experiência e do testemunho inabalável (leia 1Samuel 17). Deus cumpre sua promessa, e sabemos disso. Vamos endossar cada uma de suas promessas. Sim, faríamos isso com nosso sangue se fosse necessário! A palavra do Senhor permanece para sempre (Isaías 40:8; 1Pedro 1:25), e disso somos testemunhas destemidas, todos nós que somos chamados por seu nome (Isaías 43:7).

---

[18] George Müller (1805-1898) foi um evangelista e missionário inglês, que se notabilizou por construir orfanatos e ajudar crianças desamparadas.

16

A PROMESSA APLICADA A ESTA VIDA

*Pois o exercício físico para pouco é proveitoso, mas a
piedade para tudo é proveitosa, porque tem a promessa
da vida que agora é e da que há de ser.*
1Timóteo 4:8

UM tipo de pedantismo impede que alguns cristãos tratem a religião como se sua esfera estivesse entre os lugares comuns da vida cotidiana. Para eles, trata-se de algo transcendental e sentimental; mais uma criação de ficção piedosa do que uma questão de fato. De certo modo, eles acreditam em Deus, mas no que diz respeito às coisas espirituais e à vida que está por vir. Eles se esquecem totalmente de que a verdadeira piedade tem a promessa "da vida que agora é", assim como "da que há de ser". Para eles, parece quase uma profanação orar sobre os pequenos assuntos de que se compõe a vida cotidiana. Talvez eles se assustem se eu ousar sugerir que isso os faça questionar a realidade de sua fé. Se isso não puder ajudá-los nos pequenos problemas da vida, será que os apoiará nas grandes provações da morte? Se não pode lhes ser de proveito quanto à alimentação e ao vestuário, o que pode fazer por eles quanto ao seu espírito imortal?

Na vida de Abraão percebemos que sua fé tinha a ver com todos os acontecimentos de sua peregrinação terrena; estava relacionada com sua mudança de um país para outro, com a separação de um sobrinho de seu acampamento, com a luta contra os invasores e, especialmente, com o nascimento do filho há muito prometido. Nenhuma parte da vida do patriarca estava fora do círculo de sua fé em Deus. Ao final de sua vida, é dito: "e o SENHOR *em tudo* o havia abençoado" (Gênesis 24:1), o que inclui tanto os elementos materiais quanto os espirituais. No caso de Jacó, o Senhor prometeu-lhe pão para comer, e roupas para vestir, e trazê-lo em paz à casa de seu pai; e todas essas coisas são de caráter temporal e terreno.

Certamente esses primeiros crentes não afastaram as bênçãos atuais do pacto, nem consideraram como um assunto transcendental e místico acreditar em Deus. Para eles, não havia qualquer linha de demarcação entre secular e sagrado na vida deles; eles viajaram como peregrinos, lutaram como cruzados, comeram e beberam como santos, viveram como sacerdotes e falaram como profetas. Sua vida era sua religião, e sua religião era sua vida. Eles confiaram em Deus, não apenas sobre certas coisas de maior importância, mas acerca de tudo, e por isso, mesmo um servo de uma de suas casas, quando foi enviado em uma missão, orou: "Ó SENHOR, Deus de meu senhor Abraão, se me levas a bom termo a jornada em que sigo, eis-me agora junto à fonte de água; a moça que sair para tirar água, a quem eu disser: dá-me um pouco de água do teu cântaro, e ela me responder: Bebe, e também tirarei água para os teus camelos, seja essa a mulher que o Senhor designou para o filho de meu senhor" (Gênesis 24:42-44). Essa era a fé genuína, e é nosso dever imitá-la, e não mais permitir que a essência da promessa e a vida de fé se evaporem em meras fantasias sentimentais e visionárias. Se a confiança em Deus é boa para qualquer coisa, ela é boa para tudo dentro da linha da promessa, e é certo que a "vida que agora é" está dentro dessa jurisdição.

Que meu leitor observe e use de forma prática as palavras de Deus como estas:

> Servireis ao Senhor, vosso Deus, e ele abençoará o vosso pão e a vossa água; e tirará do vosso meio as enfermidades (Êxodo 23:25).

> De seis angústias te livrará, e na sétima o mal te não tocará (Jó 5:19).

> Confia no Senhor e faze o bem; habita na terra e alimenta-te da verdade (Salmos 37:3).

> Porque o Senhor Deus é sol e escudo; o Senhor dá graça e glória; nenhum bem sonega aos que andam retamente (Salmos 84:11).

Pois Ele te livrará do laço do passarinheiro e da peste perniciosa. Cobrir-te-á com as suas penas, e, sob suas asas, estarás seguro; a sua verdade é pavês e escudo. Não te assustarás do terror noturno, nem da seta que voa de dia, nem da peste que se propaga nas trevas, nem da mortandade que assola ao meio-dia. Caiam mil ao teu lado, e dez mil, à tua direita; tu não serás atingido (Salmos 91:3-7).

Toda arma forjada contra ti não prosperará; toda língua que ousar contra ti em juízo, tu a condenarás; esta é a herança dos servos do SENHOR e o seu direito que de mim procede, diz o SENHOR (Isaías 54:17).

Nosso Salvador pretendia que a fé fosse a nossa tranquilizadora em relação aos cuidados diários, ou Ele não teria dito:

Por isso, vos digo: não andeis ansiosos pela vossa vida, quanto ao que haveis de comer ou beber; nem pelo vosso corpo, quanto ao que haveis de vestir. Não é a vida mais do que o alimento, e o corpo, mais do que as vestes? Observai as aves do céu: não semeiam, não colhem, nem ajuntam em celeiros; contudo, vosso Pai celeste as sustenta. Porventura, não valeis vós muito mais do que as aves? (Mateus 6:25-26.)

O que mais Ele poderia ter querido dizer quando usou a seguinte linguagem, a não ser o exercício da fé em relação às coisas materiais?

Não andeis, pois, a indagar o que haveis de comer ou beber e não vos entregueis a inquietações. Porque os gentios de todo o mundo é que procuram estas coisas; mas vosso Pai sabe que necessitais delas (Lucas 12:29-30).

Paulo quis dizer o mesmo quando escreveu:

Não andeis ansiosos de coisa alguma; em tudo, porém, sejam conhecidas, diante de Deus, as vossas petições, pela oração e pela súplica, com ações de graças. E a paz de Deus, que excede todo o entendimento, guardará o vosso coração e a vossa mente em Cristo Jesus (Filipenses 4:6-7).

Aquele que ascendeu para preparar o céu para nós não nos deixará sem provisão para a viagem até lá. Deus não nos dá o céu como o papa deu a Inglaterra ao rei espanhol — como se ele pudesse tê-lo feito;[19] mas Ele torna a estrada segura até o fim da jornada. Agora, nossas necessidades terrenas são tão reais quanto nossas necessidades espirituais, e podemos descansar seguros de que o Senhor as suprirá. Ele nos enviará esses suprimentos no caminho da promessa, da oração e da fé, e assim fará deles um meio de educação para nós. Ele nos prepará para Canaã por meio da experiência do deserto.

---

[19] Referência ao papa Paulo IV (1476-1559), que emitiu um decreto em 1555 (primeiro ano de seu pontificado) em que reconheceu Filipe II (1527-1598) de Espanha como rei da Inglaterra e seus domínios, mas Filipe perdeu seus direitos ao trono inglês com a morte da rainha Maria I da Inglaterra em 1558.

128 FILHOS DA PROMESSA

Supor que as coisas terrenas são de pouca importância para nosso Deus benevolente, é esquecer que Ele observa o voo dos pardais, e conta os cabelos da cabeça de seu povo (Lucas 12. Além disso, tudo é tão pequeno para Ele, que, se Ele não se importa com as pequenas coisas, Ele não se importa com nada. Quem deve classificar os assuntos por tamanho ou peso? O ponto de virada da História pode ser uma circunstância diminuta.

Bem-aventurado é o homem para quem nada é pequeno demais para Deus; pois certamente nada é pequeno demais para nos causar tristeza ou nos envolver em perigo. Um homem de Deus certa vez perdeu uma chave; ele orou acerca desse assunto, e a encontrou. Ele se referiu a isso como uma circunstância estranha. Na verdade, não era nada de anormal. Alguns de nós oramos acerca de tudo, e nos preocupamos de que as coisas infinitesimais não sejam santificadas pela Palavra de Deus e pela oração. A inclusão de coisas triviais não é um problema para a nossa consciência, mas a omissão delas. Estamos certos de que, quando nosso Senhor deu a seus anjos o encargo de guardar nossos pés das pedras no caminho (Salmos 91:11), Ele colocou todos os detalhes de nossa vida sob os cuidados celestiais, e estamos contentes de entregar todas as coisas aos seus cuidados.

É um dos milagres permanentes da presente dispensação que em Cristo temos paz contínua sob todas as provações, e através dele temos poder em oração para obter do Senhor todas as coisas necessárias para esta vida piedosa. A experiência deste que lhes escreve tem sido testar o Senhor centenas de vezes sobre as necessidades terrenais, sendo levado a isso por cuidar de órfãos e estudantes. A oração tem muitas e muitas vezes trazido suprimentos oportunos, e eliminado sérias dificuldades. Eu sei que a fé pode encher uma sacola, fornecer uma refeição, mudar um coração endurecido, adquirir um local para um edifício, curar doenças, apaziguar rebeliões e conter uma epidemia. "O dinheiro atende a tudo" (Eclesiastes 10:19) nas mãos de alguém deste mundo, assim como a fé nas mãos do homem de Deus. Todas as coisas no céu, na terra e sob a terra respondem ao comando da oração. A fé não é para ser imitada por um charlatão, nem simulada por um hipócrita; mas onde ela é real, e pode agarrar uma promessa divina com firmeza, é uma grande maravilha.

Como desejo que meu leitor creia em Deus a ponto de apoiar-se nele em todas as preocupações de sua vida! Isso o conduziria a um novo mundo e lhe traria provas tão confirmadoras da verdade de nossa santa fé que ele riria dos céticos em seu desprezo. A fé singela em Deus proporciona ao coração sincero uma prudência prática, a qual estou inclinado a chamar de *senso comum santificado*. O crente de mente simples, embora seja ridicularizado como se fosse tolo, tem uma sabedoria sobre ele que vem de cima, e efetivamente confunde a astúcia dos ímpios. Nada intriga um inimigo malicioso do que a certeza absoluta de um crente diante de situações adversas.

Aquele que crê em seu Deus não tem medo de más notícias, pois seu coração encontrou uma calma segura ao confiar no Senhor. De mil maneiras, essa fé adoça, engrandece e enriquece a vida. Experimente, caro leitor, e veja se ela não lhe rende uma riqueza imensurável de bem-aventurança! Ela não o isentará de problemas, pois a promessa é esta:

> Estas coisas vos tenho dito para que tenhais paz em mim. No mundo, passais por aflições; mas tende bom ânimo; eu venci o mundo (João 16:33).

Isso também o fará se gloriar nas tribulações, segundo sua promessa:

> E não somente isto, mas também nos gloriamos nas próprias tribulações, sabendo que a tribulação produz perseverança; e a perseverança, experiência; e a experiência, esperança. Ora, a esperança não confunde, porque o amor de Deus é derramado em nosso coração pelo Espírito Santo, que nos foi outorgado (Romanos 5:3-5).

> *Minha fé não só voa para o céu,*
> *mas caminha com Deus aqui embaixo.*
> *Para mim são dadas todas as coisas diariamente,*
> *enquanto peregrino de um lado para o outro.*
> *A promessa fala de mundos acima,*
> *mas não apenas destes.*
> *Ela me alimenta e me veste agora com amor,*
> *e faz deste mundo o meu.*
> *Confio no Senhor, e Ele responde:*
> *"Nas coisas grandes e pequenas".*
> *Ele honra a fé com suprimentos imediatos;*
> *a fé o honra em tudo.*

17

BUSQUE A PROMESSA

*Agora, pois, ó Senhor Deus, tu mesmo és Deus, e as tuas
palavras são verdade, e tens prometido a teu servo este bem.*
2Samuel 7:28

O REI Davi sabia o que o Senhor tinha se comprometido a lhe dar, e se referiu a essa coisa especialmente em sua oração como "este bem". Precisamos ser muito mais específicos em nossas súplicas que o normal. Oramos por tudo de tal forma que praticamente não oramos por nada. É bom saber o que queremos. Por isso, nosso Senhor perguntou ao cego: "Que queres que eu te faça?" (Marcos 10:51). O Senhor almejava que o cego estivesse consciente de suas próprias necessidades, e que fosse cheio de desejos sinceros a respeito dessas necessidades — esses são ingredientes valiosos na composição da oração.

Sabendo primeiramente do que precisamos, o próximo passo é descobrir que o Senhor nos prometeu essa bênção específica, pois assim poderemos ir a Deus com a máxima confiança, e buscar o cumprimento de sua palavra. Para isso, devemos procurar diligentemente as Escrituras, observando atentamente casos de outros crentes semelhantes aos nossos, e nos esforçando para iluminar aquela expressão particular da graça divina que é adequada a nós mesmos em nossas circunstâncias atuais. Quanto mais exata for a concordância da promessa com a circunstância vivida, maior será o conforto que ela nos proporcionará. Nessa escola, o crente aprenderá o valor da inspiração plenária e verbal. Tomando sua própria circunstância como ponto de partida, ele pode ter de se deter em uma questão tão singela como o número de um substantivo, como fez Paulo ao citar e comentar a promessa feita a Abraão:

> Ora, as promessas foram feitas a Abraão e ao seu *descendente*. Não diz: E aos *descendentes*, como se falando de muitos, porém como de *um só*: E ao teu *descendente*, que é Cristo (Gálatas 3:16).

Podemos ter certeza de que em algum lugar das páginas inspiradas há uma promessa adequada à ocasião. A infinita sabedoria de Deus é vista em sua revelação, que atende às variedades inumeráveis das condições de seu povo. Nem uma única experiência é negligenciada, por mais específica que seja. Como há alimento especialmente apropriado para cada ser vivo sobre a terra, assim há apoio adequado para cada filho de Deus nas páginas inspiradas. Se não encontrarmos uma promessa adequada, é porque não a procuramos; ou, tendo-a encontrado, ainda não percebemos seu pleno significado.

Uma comparação doméstica pode ser útil aqui. Você perdeu a chave de um baú, e depois de tentar todas as chaves que possui, você é obrigado a mandar buscar um chaveiro. O profissional vem com um enorme molho de chaves de todos os tipos e tamanhos. Para você, elas parecem ser uma coleção singular de instrumentos enferrujados. Ele olha para a fechadura, e depois tenta primeiro uma chave e depois outra. Ele ainda não o abriu, e seus pertences ainda estão fora de seu alcance. Olhe, ele encontrou uma chave provável; quase toca o ferrolho, mas não exatamente. Ele está, evidentemente, no caminho certo agora. Por fim, o baú foi aberto, pois a chave certa foi encontrada.

Esta é uma ilustração correta se que aplica a uma infinidade de problemas. Nem sempre se pode chegar ao problema e lidar com ele de forma correta, e já encontrar o caminho para um resultado feliz. Você ora, mas não encontra na oração a familiaridade demasiada daquilo que deseja. Você necessita de uma promessa exata. Você experimenta uma e outra das palavras inspiradas, mas elas não se encaixam. O coração aflito vê razões para suspeitar que elas não são estritamente aplicáveis ao caso em questão, e assim são deixadas no antigo Livro para uso em outro dia; pois elas não estão disponíveis na emergência presente. Você tenta outra vez, e na devida época se apresenta uma promessa, que parece ter sido feita para a ocasião; ela se ajusta exatamente como uma chave bem feita se encaixa nas engrenagens da fechadura para a qual foi originalmente preparada. Tendo encontrado no livro do Deus vivo a palavra correspondente, apresse-se a suplicá-la diante do trono da graça, dizendo: "Ó meu Senhor, tu prometeste este bem a teu servo; tem o prazer de concedê-lo"! O assunto está encerrado; a tristeza se transforma em alegria; a oração é ouvida.

Frequentemente, o Espírito Santo traz à nossa memória, com vida e poder, palavras do Senhor que, de outra forma, poderíamos ter esquecido. Ele também lança uma nova luz sobre passagens bem lembradas, e assim revela uma plenitude nelas que pouco suspeitávamos. Em casos dos quais tenho conhecimento, os textos têm sido singulares, e por um tempo a pessoa em cuja mente estavam impressos dificilmente podia ver a sua carga de significados. Durante anos, um coração foi consolado com estas palavras: "Na prosperidade repousará a sua alma, e a sua descendência herdará a terra" (Salmos 25:13). Essa passagem raramente estava fora de sua mente; de fato, pareceu-lhe ser sussurrada perpetuamente em seu ouvido. A relação especial da promessa à sua experiência foi revelada pelo acontecimento. Em outro caso, um filho de Deus, que lamentou seus anos de privação, foi imediatamente elevado à alegria e à paz por aquela palavra raramente citada: "Restituir-vos--ei os anos que foram consumidos pelo gafanhoto migrador" (Joel 2:25). As amargas experiências de Davi envolvendo calúnias e maldades o levaram a declarar promessas consoladoras, promessas essas que foram usadas incontáveis vezes por muitos cristãos desolados e de coração aflito que "passaram pela prova de escárnios e açoites" (Hebreus 11:36).

Antes que esta dispensação seja encerrada, não duvidamos que cada frase da Escritura tenha sido ilustrada pela vida de um ou outro dos santos servos de Deus. Talvez algumas promessas ininteligíveis e pouco compreendidas ainda estejam em espera de cumprimento, e então venham a se realizar na vida daqueles para quem foram especialmente escritas. Se assim podemos dizer, há uma chave enferrujada no molho que ainda não encontrou sua fechadura; mas ela a encontrará antes que a história da igreja esteja concluída. Estejamos certos dessa verdade.

A palavra do Senhor que pode remover nosso desconforto atual pode estar próxima, e ainda assim podemos não estar cientes dela. Com singular conhecimento da experiência humana, John Bunyan, em *O peregrino*, representa o prisioneiro do "Castelo da Dúvida" como encontrando em seu próprio peito a chave chamada "Promessa", que abriu todas as portas daquela penitenciária sombria. Muitas vezes, mentimos diante de uma coação hedionda quando se nos oferecem os meios para obter a mais plena liberdade. Se apenas abríssemos nossos olhos, deveríamos, como Agar, ver um poço de água à mão, e nos perguntarmos por que pensamos em morrer de sede (veja Gênesis 21:15-19).

Para quem está passando por provação neste momento, há uma palavra do Senhor esperando por você, meu irmão! Como o maná caiu de manhã cedo, e estava pronto para que os israelitas o recolhessem assim que saíssem de suas camas (Êxodo 16), também a promessa do Senhor espera por sua vinda. "Os bois e os cevados" da graça "já foram abatidos, e tudo está pronto" para o seu conforto imediato (Mateus 22:4). A montanha está cheia de carros de fogo, e cavalos de fogo, preparados para sua libertação; o profeta do Senhor pode vê-los, e se seus olhos fossem abertos, você também os veria (2Reis 6:15-17). Como os leprosos à porta de Samaria, seria insensato para você sentar-se onde você está, e morrer (2Reis 7:3,4). Levante-se, porque a misericórdia generosa se derrama para quem está perto, excedendo em abundância tudo o que você pede, ou mesmo pensa (Efésios 3:20). Somente creia, e entre no descanso de Deus (Hebreus 4:3).

Para os pobres, os doentes, os fracos e os trôpegos, há palavras de bom ânimo que só eles podem desfrutar. Para os caídos, os desanimados, os desesperados e os moribundos, há remédios apropriados para seus males específicos. A viúva e o órfão têm suas promessas, assim como os cativos, os viajantes, os náufragos, os idosos e os que estão à beira da morte. Ninguém nunca se afasta para onde uma promessa não o consiga alcançar. Uma atmosfera de promessa envolve os crentes enquanto o ar circunda o globo. Eu quase poderia chamá-la de "onipresente", e dizer a respeito dela:

> Tu me cercas por trás e por diante e sobre mim pões a mão. Tal conhecimento é maravilhoso demais para mim: é sobremodo elevado, não o posso atingir. Para onde me ausentarei do teu Espírito? Para onde fugirei da tua face? (Salmos 139:5-7).

Nenhuma escuridão profunda pode nos esconder do pacto da promessa; ao contrário, afirmamos que em sua presença a noite brilha como o dia. Portanto, tomemos coragem, e pela fé e paciência esperemos na terra de nosso exílio até o dia de nossa volta para casa. Assim devemos nós, como os demais herdeiros da salvação, herdar "as promessas" (Hebreus 6:12).

Alguns compromissos do pacto, firmados com o Senhor Jesus Cristo, quanto aos seus eleitos e redimidos, são totalmente incondicionais para nós; mas muitas outras palavras ricas do Senhor contêm obrigações da nossa parte que devem ser cuidadosamente consideradas, ou não obteremos a bênção específica. Parte da busca diligente do meu leitor deve ser direcionada para esse ponto mais importante. Deus manterá sua promessa feita a você; apenas atente para que a maneira como Ele condiciona seu compromisso seja cuidadosamente observada por você. Somente quando cumprirmos a exigência de uma promessa condicional é que podemos esperar que essa promessa nos seja cumprida. Ele disse: "Crê no Senhor Jesus e serás salvo, tu e tua casa" (Atos 16:31). Se você crer no Senhor Jesus Cristo, é certo que será salvo; mas se não crer, não será. Da mesma forma, se a promessa for feita com relação à oração, à santidade, à leitura da Palavra, à permanência em Cristo, ou seja lá o que for, dê seu coração e sua alma à coisa ordenada, para que a bênção se torne sua. Em alguns casos, a grande benção não se realiza porque os deveres associados são negligenciados.

A promessa não pode entrar se "o pecado jaz à porta" (Gênesis 4:7). Mesmo um dever desconhecido pode nos chicotear com "poucos açoites" (Lucas 12:48), e algumas chibatadas podem estragar muito nossa felicidade. Vamos nos esforçar para conhecer a vontade do Senhor em todas as coisas, e então vamos obedecê-la sem um traço de hesitação. Não sigamos os caminhos da nossa vontade, mas os da sabedoria divina, sobre a qual lemos: "Os seus caminhos são caminhos deliciosos, e todas as suas veredas, paz" (Provérbios 3:17).

Não subestime a graça da promessa porque ela tem uma condição anexada a ela. Em razão disso, via de regra, ela se torna duplamente valiosa. A condição em si mesma é outra bênção, que o Senhor propositalmente tornou inseparável daquilo que você deseja, para que você possa ganhar duas misericórdias enquanto busca apenas uma. Além disso, lembre-se de que a condição é dolorosa apenas para aqueles que não são herdeiros da promessa; para eles é como uma cerca de espinhos, afastando-os do conforto ao qual não têm direito; mas para você, ela não é dolorosa, mas agradável, e por isso não é um obstáculo ao seu acesso à bênção. Essas exigências, que mostram uma nuvem pardacenta e escuridade para os egípcios, têm um lado positivo para os israelitas, e fornecem luz à noite para eles (Êxodo 14:20). Para nós, o jugo do Senhor é suave, e ao tomá-lo sobre nós, encontramos descanso para nossa alma (Mateus 11:28-30). Então, preste atenção ao que está escrito da promessa e cumpra todos os seus preceitos, a fim de que todas as coisas boas cheguem até você.

Se você é um crente no Senhor Jesus, todas as promessas são suas; e entre elas está uma para este mesmo dia do mês, e para este lugar em particular onde você se encontra agora; portanto, procure o rolo de sua Carta Magna, a Bíblia, e descubra sua porção para esta hora. De todas as promessas que o Senhor deu em seu Livro, ele disse: "Nenhuma destas criaturas falhará, nem uma nem outra faltará; porque a boca do SENHOR o ordenou" (Isaías 34:16). Portanto, confie, e não tenha medo. Qualquer outra coisa pode provar-se um fracasso, mas a promessa de Deus nunca falhará. O tesouro depositado nesse Banco está além de qualquer perigo. "Melhor é buscar refúgio no SENHOR do que confiar em príncipes" (Salmo 118:9). Cantemos a cada lembrança do Deus da verdade e da graça.

Falemos de sua fidelidade maravilhosa,
e soemos seu poder amplamente.
Cantemos a doce promessa de sua graça,
e do Deus que atua.
Aquele que pode destruir mundos inteiros,
e fazê-los quando lhe apraz;
Ele fala, e aquele sopro todo-poderoso
cumpre seus grandes decretos.
Sua própria palavra de graça é forte como a que construiu os céus;
A voz que movimenta as estrelas ao em conjunto
fala todas as promessas.[20]

---

[20] Hino de Isaac Watts (1674-1748), poeta, pregador, teólogo, lógico e pedagogo inglês. Considerado o pai da hinologia inglesa, compôs quase 750 hinos.

18

O TEMPO DA PROMESSA

*Como, porém, se aproximasse o tempo da promessa que Deus
jurou a Abraão, o povo cresceu e se multiplicou no Egito.*
Atos 7:17

THOMAS Brooks[21] nos lembra que as misericórdias de Deus não são descritas como *rápidas*, mas como *fiéis*: "porque convosco farei uma aliança perpétua, que consiste nas *fiéis* misericórdias prometidas a Davi" (Isaías 55:3). Não há nada de pressa no modo de o Senhor proceder. Pode até parecer que as carruagens de sua graça demoram a chegar. Não é de modo algum uma circunstância incomum para os santos serem ouvidos gritando: "Até quando, Senhor?" (Salmos 13:1; Habacuque 1:2). Está escrito: "A glória do Senhor será a tua retaguarda" (Isaías 58:8). O esquadrão da retaguarda é a última companhia a se apresentar, mas chega. Deus pode às vezes nos fazer esperar; mas veremos no final que Ele

---

[21] Thomas Brooks (1608-1680) foi um pregador e escritor puritano inglês.

é com toda a certeza tanto o Ômega quanto o Alfa da salvação de seu povo. Nunca desconfiemos dele. Se "tardar, espera-o, porque, certamente, virá" (Habacuque 2:3).

Certa vez um navio — batizado pelo proprietário de "Rápido e Seguro", porque esperava que ele se mostrasse seguro e rápido —, navegou do porto de Londres. Esse é, realmente, um nome adequado para a misericórdia do Senhor: ela é ao mesmo tempo rápida e segura. Davi pode não ter dito isso no texto que Thomas Brooks cita, mas ele declarou tal verdade muitas vezes e muitas vezes. Ele disse que Deus "Cavalgava um querubim e voou; sim, levado velozmente nas asas do vento" (Salmo 18:10). O Senhor não é lento para ouvir os gritos de seu povo. Ele fixou o tempo para favorecer Sião, e quando esse tempo fixado chegar, não haverá demora.

A data para o seu cumprimento é parte importante de uma promessa; de fato, ela entra na sua essência. Seria injusto atrasar o pagamento de uma dívida; e a obrigação de cumprir a própria palavra é da mesma natureza. O Senhor está pronto para a hora de cumprir suas graciosas promessas. Ele havia ameaçado destruir o mundo com um dilúvio, mas esperou até o último momento que Noé entrasse na arca; e então, "nesse dia romperam-se todas as fontes do grande abismo, e as comportas dos céus se abriram" (Gênesis 7:11). Ele havia declarado que Israel deveria sair do Egito, e assim aconteceu:

> Aconteceu que, ao cabo dos quatrocentos e trinta anos, nesse mesmo dia, todas as hostes do SENHOR saíram da terra do Egito (Êxodo 12:41).

Segundo Daniel, o Senhor conta os anos de sua promessa, e conta as semanas de sua espera (confira Daniel 9:2, 24-27). Quanto à maior promessa de todas, ou seja, o envio de seu Filho do céu, o Senhor determinou o tempo de entregar esse grande dom: "Vindo, porém, a plenitude do tempo, Deus enviou seu Filho, nascido de mulher, nascido sob a lei" (Gálatas 4:4). Além de toda dúvida, o Senhor, nosso Deus, mantém sua palavra até o último momento.

Quando estamos em necessidade, podemos solicitar urgência da parte do Senhor, a fim de que venha rapidamente em nosso socorro, como o próprio Davi suplicou no Salmo 70:

> Praza-te, ó Deus, em livrar-me; *dá-te pressa*, ó SENHOR, em socorrer-me (v. 1).

> Eu sou pobre e necessitado; ó Deus, *apressa-te* em valer-me, pois tu és o meu amparo e o meu libertador. SENHOR, *não te detenhas*! (v. 5).

O Senhor até condescende em descrever-se como se apressando em cumprir suas graciosas promessas, dizendo:

> O menor virá a ser mil, e o mínimo, uma nação forte; eu, o SENHOR, a seu tempo farei isso *prontamente* (Isaías 60:22).

Mas não precisamos orar dessa maneira como se tivéssemos o menor medo de que o Senhor pudesse se demorar ou fosse lento, ou que Ele precisasse de nós para acelerar sua providência. Não.

Não retarda o Senhor a sua promessa, como alguns a julgam demorada; pelo contrário, ele é longânimo para convosco, não querendo que nenhum pereça, senão que todos cheguem ao arrependimento (2Pedro 3:9).

Nosso Deus é lento para irar-se, mas em atos de graça "sua palavra corre velozmente" (Salmos 147:15). Às vezes sua velocidade para abençoar seu povo supera o tempo e o pensamento; como, por exemplo, quando Ele cumpre aquela antiga declaração do profeta:

E será que, antes que clamem, eu responderei; estando eles ainda falando, eu os ouvirei (Isaías 65:24).

No entanto, há prazo para que nossas orações sejam respondidas. Como o lavrador não colhe hoje aquilo que semeou ontem, assim também não obtemos sempre de uma só vez do Senhor aquilo que buscamos dele. A porta da graça se abre, mas não às nossas primeiras batidas. Por que isso acontece? Porque a misericórdia será ainda maior por estarmos mais tempo no caminho. Há um tempo para cada propósito sob o céu (Eclesiastes 3:1-8), e tudo é melhor em seu tempo.

A fruta amadurece em sua estação; e quanto mais sazonal, melhor será. A misericórdia prematura seria apenas meia misericórdia; portanto, o Senhor as retém até que cheguem à sua perfeição. Até mesmo o próprio céu será ainda melhor porque não será nosso até que esteja preparado para nós, e nós estejamos preparados para isso.

O amor preside os planos de graça e toca o sino quando o melhor momento chegar. Deus nos abençoa por suas postergações temporárias, assim como por suas respostas rápidas. Não devemos duvidar do Senhor porque seu tempo ainda não chegou; isso seria agir como crianças mimadas, que devem ter uma coisa no mesmo instante, ou então pensam que nunca a terão.

Um Deus que sabe esperar é o verdadeiro motivo de confiança para seu povo que espera. "Por isso, o Senhor *espera*, para ter misericórdia de vós, e *se detém*, para se compadecer de vós, porque o Senhor é Deus de justiça; bem-aventurados todos os que nele *esperam*" (Isaías 30:18). Sua compaixão não falha, nem mesmo quando suas graciosas operações parecem estar suspensas, e nossa dor se aprofunda. Sim, é porque Ele nos ama tanto que nos prova, postergando suas respostas de paz. Como se dá com nosso Pai que está nos céus, assim foi com nosso Senhor Jesus aqui na terra:

> Ora, amava Jesus a Marta, e a sua irmã, e a Lázaro. Quando, pois, soube que Lázaro estava doente, ainda se demorou dois dias no lugar onde estava (João 11:5-6).

O amor às vezes fecha a mão da generosidade divina, e restringe o fluxo do favor, quando vê que um ganho perene resultará de um período de provação.

Talvez o tempo da promessa ainda não tenha chegado, porque nossa provação ainda não cumpriu seu propósito. A correção deve atender propósito da provação, ou esta não pode ser encerrada.

146 FILHOS DA PROMESSA

Quem desejaria ver o ouro ser retirado do fogo antes que sua escória seja consumida? Espere, ó coisa preciosa, até que você tenha obtido o máximo de pureza! Esses momentos de fornalha são vantajosos. Seria insensato encurtar tais horas preciosas. O tempo da promessa corresponde ao tempo mais enriquecedor para o coração e para a alma

Além disso, talvez ainda não tenhamos demonstrado submissão suficiente à vontade divina. A paciência ainda não produziu seu trabalho perfeito. O processo de desmame não está concluído; ainda estamos desejando o conforto que o Senhor pretende que superemos para sempre. Abraão promoveu uma grande festa quando seu filho Isaque foi desmamado; e, possivelmente, nosso Pai celestial fará o mesmo conosco. Deite-se, coração orgulhoso! Deixe os seus ídolos; abandone sua afeição pelas coisas deste mundo, e a paz prometida virá a você.

Possivelmente, também, ainda não cumprimos um dever que se tornará o ponto decisivo de nossa condição. O Senhor transformou a condição de Jó quando este orou por seus amigos (Jó 42:10). Talvez o Senhor nos torne úteis a um parente ou a um amigo antes de nos favorecer com consolações pessoais. Não devemos ver a face de José, a menos que nosso irmão Benjamim esteja conosco (Gênesis 44:26). Algumas ordenanças da casa do Senhor podem ser negligenciadas, ou algum trabalho santo pode ser deixado por fazer; e isso pode dificultar a promessa. É assim? "Portanto, aquele que sabe que deve fazer o bem e não o faz nisso está pecando" (Tiago 4:17).

Talvez ainda tenhamos de fazer um voto ao Senhor ou um sacrifício notável a Ele, e então Ele trará seu pacto à mente. Que Ele não tenha de reclamar: "Não me compraste por dinheiro cana aromática, nem com a gordura dos teus sacrifícios me satisfizeste, mas me deste trabalho com os teus pecados e me cansaste com as tuas iniquidades" (Isaías 43:24). Em vez disso, aceitemos seu desafio:

> Trazei todos os dízimos à casa do Tesouro, para que haja mantimento na minha casa; e provai-me nisto, diz o SENHOR dos Exércitos, se eu não vos abrir as janelas do céu e não derramar sobre vós bênção sem medida (Malaquias 3:10).

As promessas de Deus são tão cronometradas que garantem a glória dele aos serem cumpridas, e isto deve ser suficiente para nós quando não podemos ver nenhum outro motivo de postergação. Talvez seja necessário que sejamos mais plenamente conscientes de nossa necessidade e do grande valor das bênçãos que almejamos. Aquilo que vem muito facilmente pode ser muito pouco valorizado. Talvez nosso espírito ingrato precise ser ensinado a ser grato por meio de um aprendizado de espera. Poderíamos não cantar alto se não respirássemos profundamente. Querer e esperar levam à sede e à súplica, e estas, no devido tempo, levam à alegria e ao regozijo.

Se todas as coisas pudessem ser conhecidas por nós como são conhecidas por Deus, deveríamos bendizê-lo de todo o coração por nos manter sob sua disciplina inteligente, e não nos poupar do choro. Se pudéssemos conhecer o fim assim como o início, deveríamos louvar ao Senhor por portas fechadas, olhares franzidos e petições sem resposta. Certamente, se soubéssemos que os grandes propósitos do Senhor foram atendidos por continuarmos sem os prazeres que desejamos e por suportarmos os males que tememos, deveríamos chorar alto para sermos deixados em nossa pobreza e sermos confinados em nossa dor. Se podemos glorificar a Deus ao nos ser negado o que buscamos, desejamos que nos seja negado. A maior de todas as nossas orações, e a soma de todo o resto, é esta: "Todavia, não seja como eu quero, e sim como tu queres" (Mateus 26:39).

19

A POSSE DA PROMESSA POR MEIO DO ESPÍRITO SANTO

Bendito o Deus e Pai de nosso Senhor Jesus Cristo, que nos tem abençoado com toda sorte de bênção espiritual nas regiões celestiais em Cristo, [...] em quem também vós, depois que ouvistes a palavra da verdade, o evangelho da vossa salvação, tendo nele também crido, fostes selados com o Santo Espírito da promessa; o qual é o penhor da nossa herança, até ao resgate da sua propriedade, em louvor da sua glória.
Efésios 1:3, 13, 14

EM um sentido muito verdadeiro e real, as coisas prometidas no pacto já são propriedade dos crentes. "Tudo é vosso" (1Coríntios 3:21). O grande Pai poderia realmente dizer a cada um dos filhos que habitam em sua casa: "Tudo o que é meu é teu" (Lucas 15:31). A herança já é nossa, dizem os antigos teólogos, *in promisso, in pretio, in principiis* ("na promessa, no preço, no princípio"), isto é, na *promessa* de Deus, no *preço* pago pelo Senhor Jesus, e em seus primeiros *princípios* que nos são infundidos pelo Espírito

Santo. Em sua promessa segura, o Pai já "nos tem abençoado com toda sorte de bênção espiritual nas regiões celestiais em Cristo" (Efésios 1:3). Não só resolveu enriquecer-nos no futuro, mas ainda agora nos dotou com os tesouros de seu amor. O Senhor Jesus não apenas nos fez herdeiros de um patrimônio infinito nos tempos vindouros, mas nos trouxe para o desfrute imediato de uma porção presente; como diz a Escritura, "no qual fomos também feitos herança" (Efésios 1:11).

O Espírito Santo é, em muitos aspectos, o meio de tornar a herança prometida nossa propriedade, mesmo agora. Por Ele somos "selados" (Efésios 1:13). Sabemos com certeza que a herança é nossa, e que nós mesmos pertencemos ao grande Herdeiro de todas as coisas. As operações do Espírito Santo sobre nós em nossa regeneração, e sua permanência em nós pela santificação, são a certificação de que estamos na graça e de que somos herdeiros da glória. Além de todos os outros testemunhos de que somos salvos, há esta evidência segura e certa, a saber, que o Espírito do Deus vivo repousa sobre nós.

Arrependimento, fé, vida espiritual, aspirações santas, sussurros direcionados para o céu e até mesmo "gemidos inexprimíveis" (Romanos 8:26), são todas provas de que o Espírito Santo está trabalhando em nós; e trabalhando de uma forma peculiar nos herdeiros da salvação. A vida que o Espírito Santo sopra em nós é o grande selo do reino de Deus para nossa alma. Não precisamos de sonhos, nem visões, nem vozes místicas, nem sentimentos arrebatadores; a vivificação e a renovação do Espírito Santo são melhores selos do que esses. O Espírito da promessa não prepara os homens para uma bem-aventurança que jamais será deles. Aquele que trabalhou em nós para nos preparar para algo, nos assegurará aquela bênção para a qual Ele nos preparou. A mais tênue impressão do selo do Espírito é o melhor testemunho de nossa parte e de nossa porção com o povo de Deus do que todas as inferências ousadas que a presunção pode extrair de suas fantasias mirabolantes.

O Espírito Santo não é apenas o selo da herança, mas também a garantia ou o penhor dela. O penhor é uma parte da coisa em si, dada como garantia de que o restante será entregue no tempo devido. O próprio Espírito Santo é uma grande porção da herança dos eleitos; e ao tê-lo, temos o início da perfeição, do céu, da glória eterna. Ele é vida eterna, e seus dons, graças e obras são os primeiros princípios da felicidade sem fim. Ao termos o Espírito Santo, temos o reino que nosso Pai tem o bom prazer de dar a seus escolhidos (Romanos 14:17).

Isto será esclarecido depois de alguns momentos de reflexão. O céu consistirá muito em santidade; e é claro que, até onde o Espírito Santo nos torna santos aqui, Ele implantou os primórdios do céu. O céu é vitória; e cada vez que vencemos o pecado, Satanás, o mundo e a carne, temos antevisões do triunfo imperecível que provoca o aceno das palmas das mãos na Nova Jerusalém. O céu é um Dia de Descanso sem fim; e como podemos ter uma previsão melhor do descanso perfeito do que por aquela alegria e paz que o Espírito Santo derramou em nós?

A comunhão com Deus é o ingrediente principal na bem-aventurança dos glorificados; e aqui embaixo, pelo Espírito de Deus, somos capazes de nos deleitar no Senhor, e nos regozijarmos no Deus de nossa salvação (Salmos 37:4; Habacuque 3:18). A comunhão com o Senhor Jesus em todos os seus graciosos desígnios e propósitos, e a semelhança com Ele no amor a Deus e aos nossos semelhantes, são também os principais constituintes em nossa condição perfeita diante do trono; e o Espírito de santidade está trabalhando esses elementos em nós dia após dia. Ser puro de coração para ver a Deus, ser estabelecido no caráter para ser farto na justiça, ser forte no bem para vencer todo o mal, e ser purificado de si mesmo para encontrar tudo em Deus — todas essas coisas, quando realizadas ao máximo, não estão entre as bênçãos centrais das Bem-aventuranças de Mateus 5:3-11? E elas já não foram concedidos a nós por aquele Espírito de glória e de poder que agora mesmo repousa sobre nós? Sim, já. No Espírito Santo, temos as coisas que buscamos. Nele, a flor do céu chegou até nós no rebento, a aurora do dia de glória sorriu para nós.

Não somos, portanto, tão estranhos às bênçãos prometidas, como alguns por aí querem nos fazer parecer. Muitos repetem, como se fossem papagaios, esta palavra: "mas, como está escrito: Nem olhos viram, nem ouvidos ouviram, nem jamais penetrou em coração humano o que Deus tem preparado para aqueles que o amam" (1Coríntios 2:9); mas eles deixam de acrescentar as palavras que se seguem na mesma Escritura: "Mas Deus no-lo revelou pelo *Espírito*" (1Coríntios 2:10). Que crueldade seria cortar o filho vivo da Escritura pela metade![22] O Espírito Santo nos revelou o que nem os olhos nem os ouvidos perceberam (1Coríntios 2:9). Ele abriu o véu e nos fez ver os segredos escondidos por séculos e gerações (2Coríntios 13:12-16). Veja, dentro de sua alma habita a vida de Deus, a vida eterna que é prometida aos que amam a Deus. A vida de glória é apenas a continuação e o crescimento da vida da graça. Veja, na reconciliação através do sangue expiatório, Ele nos concede aquela paz celestial que é a base do descanso eterno. Veja, no amor de Deus derramado na alma crente há uma antecipação da fragrância da felicidade. Veja, na segurança inabalável e na serenidade santificada da plena segurança, há uma previsão do descanso infinito do Paraíso.

Quando nosso interior se alegra grandemente e irrompe em uma canção, então ouvimos prelúdios dos aleluia celestiais. Se quiséssemos conhecer os "cachos de uvas" de Canaã, eis que eles são trazidos até nós por aquelas emoções e antecipações que, sob a orientação do Espírito, foram, como espiões enviados por Moisés, para a boa terra, e nos trouxeram seus frutos mais seletos! (Números 13:17-24).

---

[22] Referência à passagem bíblica em que Salomão julga a causa de duas mulheres que disputam a maternidade de uma criança (confira 1Reis 3:16-28).

154 FILHOS DA PROMESSA

Não não apenas de que *teremos* uma herança, mas do fato de que nós a *temos*. Ao termos o Espírito Santo, já estamos em posse da terra que mana leite e mel (Números 13:27). Nós, os que cremos, entramos no descanso de Deus e chegamos à cidade do Deus vivo:

> Nós, porém, que cremos, entramos no descanso, conforme Deus tem dito: Assim, jurei na minha ira: Não entrarão no meu descanso. Embora, certamente, as obras estivessem concluídas desde a fundação do mundo (Hebreus 4:3).

> Mas tendes chegado ao monte Sião e à cidade do Deus vivo, a Jerusalém celestial, e a incontáveis hostes de anjos, e à universal assembleia (Hebreus 12:22).

O que então resta para essas pessoas que se tornaram participantes de uma herança divina no Filho de Deus e continuam dignamente na caminhada de sua vocação elevada, santa e celestial?

> Portanto, se fostes ressuscitados juntamente com Cristo, *buscai* as coisas lá do alto, onde Cristo vive, assentado à direita de Deus (Colossenses 3:l).

20

JESUS E AS PROMESSAS

Porque quantas são as promessas de Deus, tantas têm nele o sim; porquanto também por Ele é o amém para glória de Deus, por nosso intermédio.
2Coríntios 1:20

JESUS, nosso Senhor, está sempre associado ao caminho da promessa. De fato, Ele é "o Caminho, a Verdade e a Vida" (João 14:6). Ninguém vem ao Fiel Prometedor a não ser por Cristo. Não poderíamos fechar este singelo livro sem um capítulo sobre Ele. Nossa esperança é que o leitor não tente obter nenhum conforto de uma palavra que escrevemos, ou mesmo da própria Palavra de Deus, exceto quando ele o recebe mediante Jesus Cristo. A própria Escritura afirma que à parte dele a alma humana não pode ter vida. Esta, de fato, é a grande culpa de muitos: eles examinam as Escrituras, pois julgam ter nelas a vida eterna, mas não querem vir a Cristo, para que possam ter vida (João 5:39,40). Não façamos parte dessa companhia tola; mas vamos a Jesus dia após dia, sabendo que agradou ao Pai que nele habitasse toda a plenitude (Colossenses 1:19). Somente conhecendo-o, conhecemos a luz, a vida e a liberdade dos herdeiros da promessa; e, tão certo como nos desviamos dele, rumamos para a escravidão. Oh, que a graça permaneça nele, a fim de que possamos possuir todas as coisas boas do pacto feito conosco nele!

Jesus é a Porta das promessas. Por meio dele, o Pai pode assumir compromissos graciosos com os pecadores. Até que "a semente da mulher" (Gênesis 3:15) tivesse sido designada o Mediador entre Deus e o homem (1Timóteo 2:5), nenhuma mensagem de conforto poderia ser enviada aos que o ofenderam. Deus não tinha palavra para os pecadores até que sua Palavra se fizesse carne e habitasse entre nós (João 1:14). Deus não podia comunicar seu amor aos homens a não ser através de Jesus, a Palavra. Como Deus não podia vir até nós à parte do Mensageiro do pacto, não podíamos nos aproximar dele a não ser através do Mediador. Nossos medos nos afastam do Santo até vermos no Filho de Deus um Irmão cheio de terna compaixão. A glória da Santíssima Trindade nos surpreende até contemplarmos o brilho mais suave do Deus Encarnado. Chegamos a Deus através da humanidade de seu Filho, e especialmente através dessa humanidade sofrendo e morrendo em nosso favor.

Jesus é a Soma das promessas. Quando Deus prometeu que seu Filho seria nosso, deu-nos nele todas as coisas necessárias para nossa salvação. Toda boa dádiva e todo presente perfeito serão encontrados na pessoa, nos ofícios e na obra de nosso Redentor. Todas as promessas estão "nele". Se você quiser somá-las, ou fazer um longo catálogo de todas as bênçãos que elas nos garantem, você pode se poupar do trabalho e ficar feliz em saber que este é o total: o Senhor nos deu seu Filho Jesus. Como todas as estrelas estão no céu, e todas as ondas estão no mar, assim todas as bênçãos do pacto estão em Cristo. Não podemos pensar em uma verdadeira bênção fora dele. Ele é tudo em todos. É o cordão no qual todas as pérolas estão amarradas, e a caixa de joias que contém todas as pedras preciosas.

Jesus é a Garantia das promessas. Aquele que não poupou seu próprio Filho não negará nada ao seu povo. Se Ele tivesse pensado em voltar atrás, tê-lo-ia feito antes de ter feito o sacrifício infinito de seu Filho Unigênito. Nunca pode haver suspeita de que o Senhor revogará qualquer uma das promessas, pois Ele já cumpriu a maior e mais cara de todas elas. "Aquele que não poupou o seu próprio Filho, antes, por todos nós o entregou, porventura, *não nos dará graciosamente com Ele todas as coisas?*" (Romanos 8:32).

Jesus é o Confirmador das promessas: "Porque quantas são as promessas de Deus, tantas têm nele o sim; porquanto também por Ele é o amém para glória de Deus, por nosso intermédio" (2Coríntios 1:20). Sua vinda em nossa natureza, sua posição como Cabeça e seu cumprimento de todos as estipulações do pacto tornaram todos os artigos do pacto divino firmes e duradouros. Agora, não é apenas uma questão de bondade, mas também de justiça, que Deus cumpra suas promessas ao gênero humano. Uma vez que Jesus providenciou, em nosso lugar, uma restituição total à honra divina que o pecado assaltou, a justiça de Deus se une com seu amor para garantir a realização de cada palavra da promessa. Como o arco-íris é nossa

158 FILHOS DA PROMESSA

garantia de que o mundo jamais será destruído por um dilúvio (Gênesis 9: 12-17), assim Jesus é nossa garantia de que as inundações do pecado humano jamais afogarão a fiel bondade do Senhor.

Ele engrandeceu a lei e a tornou honrada. Ele deve ser recompensado por sua obra e, portanto, todas as coisas boas devem ser dadas àqueles por quem Ele morreu. Seria um transtorno e uma desordem total se as promessas não tivessem nenhum efeito depois que o Senhor fez tudo o que era necessário para garanti-las. Se somos realmente um com o Senhor Jesus Cristo, as promessas são tão seguras para nós quanto o amor de seu Pai é para Ele.

Jesus é o Lembrador das promessas. Ele implora a Deus em nosso favor, e sua súplica é a promessa divina. "Pelos transgressores [Ele] intercedeu" (Isaías 53:12). As coisas boas que Ele prometeu ao Pai, Ele as reivindica por nós, para que Deus as faça por nós; e para que essa reivindicação seja feita sob as circunstâncias mais encorajadoras, o próprio Jesus se torna nosso Intercessor. Por amor de Sião, Ele não se cala (Isaías 62:1), mas dia e noite Ele rememora o pacto eterno e o sangue pelo qual ele foi selado e ratificado. Por trás de cada promessa está o Sumo Sacerdote vivo, Intercessor, Autor e Consumador de nossa fé (Hebreus 3:1; 4:14; 7:25; 12:2). Podemos esquecer a promessa fiel, mas Ele não o fará; Ele apresentará o incenso de seu mérito, e as promessas de Deus em nosso favor, naquele lugar dentro do véu onde Ele exerce a intercessão onipotente.

Jesus é o Cumpridor das promessas. Sua primeira vinda trouxe a maior parte das bênçãos que o Senhor predestinou para os seus, e sua segunda vinda é para nos trazer o restante. Nossas riquezas espirituais estão ligadas à sua pessoa sempre adorável. Porque Ele vive, nós vivemos; porque Ele reina, reinamos; porque Ele é aceito, somos aceitos. Em breve, em sua manifestação, seremos manifestados; em seu triunfo, triunfaremos; em sua glória, seremos glorificados. Ele mesmo é o Alfa e o Ômega das promessas de Deus. Nele, encontramos a vida mesmo sendo pecadores; nele, encontraremos a glória como santos. Se Ele não ressuscitar, nossa fé é vã; e se Ele não vier uma segunda vez, nossa esperança é uma ilusão; mas, como Ele ressuscitou dos mortos, somos justificados; como Ele virá na glória do Pai, também nós seremos glorificados.

Leitor, o que você fará, então, "de Jesus, chamado Cristo?" (Mateus 27:22). Tudo dependerá da sua resposta a essa pergunta. Você descansa apenas nele? Então o Senhor prometeu abençoá-lo e fazer o bem a você; e Ele o surpreenderá com a maneira admirável com a qual fará isso. Nada é bom demais para o Pai presentar a quem que se deleita em seu Filho Jesus.

Por outro lado, você está confiando em suas próprias obras, sentimentos, orações e cerimônias? Então você é das obras da lei, e está sob maldição. Veja o que dissemos sobre a semente de Agar, a mulher carnal, e adivinhe qual será sua porção. Oh, que bom seria se você deixasse a casa da servidão e corresse para a casa da graça livre, e se tornasse alguém a quem Deus abençoará. Que Deus lhe conceda esse grande favor, "mediante a promessa", por amor do Senhor Jesus Cristo! Amém.

Sua opinião é importante para nós.
Por gentileza, envie-nos seus
comentários pelo e-mail
editorial@hagnos.com.br

Visite nosso site:
www.hagnos.com.br

Esta obra foi impressa na
Imprensa da Fé.
São Paulo, Brasil.
Primavera de 2021.